奇石

鉴赏与收藏

张庆麟 编著

上海科学技术出版社

图书在版编目(CIP)数据

奇石鉴赏与收藏/张庆麟编著. —上海：上海科学技术出版社，2012.10
(投资收藏系列)
ISBN 978-7-5478-1337-9

Ⅰ.①奇… Ⅱ.①张… Ⅲ.①石－鉴赏②石－收藏 Ⅳ.①TS933②G894

中国版本图书馆CIP数据核字（2012）第115669号

上海科学技术出版社出版
中国图书进出口上海公司发行
(上海钦州南路71号 邮政编码200235)
新华书店上海发行所经销
**********印刷
开本 787×1092 1/16 印张 14
字数：240千字
2012年10月第1版 2012年10月第1次印刷
ISBN 978-7-5478-1337-9

如发生质量问题，读者可向工厂联系调换

前言

奇石，以其所具有的独特的形态、优美的色泽、良好的质地、奇幻的纹理、深蕴的内涵而深受人们的喜爱。古人云："山无石不奇，水无石不清，园无石不秀，室无石不雅"。人们还认为赏石能清心、怡人、益智、陶情，甚至延寿。所以自古以来，文人雅士无不对奇石情有独钟，孜孜相求，并代代相传，形成为一种稳定的文化心态。

改革开放以来，随着我国经济的高速发展，人民生活水平和文化素养的不断提高，奇石作为一种既蕴涵有大自然的鬼斧神工，又包藏有深厚的文化意境和科学研究价值的天然载体，也越来越多地得到了人们的青睐；并渐渐地摆脱了往日仅为少数文人雅士所赏识的局面，飞入寻常百姓家，成为大众男女老少都普遍爱好的对象。人们认为，集石、赏石、藏石作为一种高尚的文化休闲活动，既能让人们在繁忙紧张的学习工作之余，有机会缩短与大自然的距离，去体验自然的神奇和奥妙；又能通过这一活动，增进对自然的了解，提高自己的文化素养，培养艺术审美的情操，陶冶日理万机的心情，还能达到以石会友，以石交友，扩大社交，丰富生活情趣的目的。所以，集石、赏石、藏石之风便以前所未有的迅猛之势席卷着神州大地。君不见几乎全国各个大中小城市，都设有大小规模不等的奇石市场，建有相应的奇石协会和集石、藏石的活动中心。爱石、集石早已遍及各行各业和各个阶层。据相关人士的粗略估计，全国奇石爱好者不下千万之数，可见它的普及性和大众化。所以，可以毫不夸张地说，它已是当今社会的一种重要的文化现象。

人们还认为集石、赏石和藏石还是一项发现的艺术。因为与传统的宝玉石不同，许多奇石大多原本是一块默默无闻、毫不起眼的顽石，它需要充分调动有识之士的慧眼、才情和想象力去进行发掘，才会使其登

前言

堂入室，身价倍增地成为世人瞩目的对象。然而，怎样才能具有一双识宝的慧眼呢？这一直是许多奇石爱好者渴望了解的话题。但是，这也确实是一个十分难以回答的问题，因为它涉及到一个人多方面的修养，其中既有科学知识方面的修养，如矿物、岩石学和地质学知识，也有人文艺术方面的修养，如艺术鉴赏力、诗词功底、语言文字能力、历史文化知识等。显然，这些都不是可以一蹴而就的，它需要人们去不断学习，进行长期的知识积累。就像唐韩愈所说"世有伯乐，然后有千里马。千里马常有，而伯乐不常有。"这里，我们希望通过本书的介绍，能为您造就一双像伯乐一样的慧眼，为您提供尽可能的帮助。

集石、赏石和藏石不仅需要有像伯乐一般的慧眼，也需要有一双孙悟空般的火眼金睛。因为随着奇石市场的火旺、奇石价格的上扬，在利益的诱惑下，市场上也经常可以发现有经过各种手法伪作的所谓"奇石"，致使一些不明就里的奇石爱好者上当受骗，遭受不应有的经济损失。因此我们也希望通过本书的介绍，帮助您把火眼金睛擦得更亮。

不过，也需要指出的是，奇石是一个十分笼统的名词，它包含有多种多样的石类，在本书的有限篇幅中，显然不可能面面俱到地对所有的奇石都作出一一介绍。因此，在您的集石、赏石和藏石活动中，势必还可能发现有一些是本书中未曾提到的奇石品种，以及某些未予涉及的奇石现象。但读者若能对本书中若干相关现象的叙述有较深刻的了解，将使您有可能举一反三地为解决这些问题找到恰当的方法和途径。

限于笔者的认知水平和能力的不足，本书也不可避免地存在这样那样的缺陷和遗漏，甚至错误，诚恳地欢迎读者予以批评指正。

张庆麟

一、奇石概论 / 1

(一) 什么是奇石 / 2

(二) 奇石的基本特点 / 4

(三) 奇石的分类 / 7

1. 矿物晶体类 / 8

2. 造型石与纹彩石类 / 9

3. 化石类 / 13

4. 陨石类 / 14

5. 特种石类 / 16

二、奇石的欣赏与收藏价值 / 21

(一) 奇石欣赏的历史渊源 / 22

1. 人类文明与石文化的发展 / 22

2. 奇石欣赏的文化背景 / 24

3. 历代的爱石情怀 / 26

4. 近代和当代的藏石热潮和赏石观念的提升 / 43

5. 东方赏石与西方赏石的异同 / 48

(二) 奇石的价值分析 / 52

1. 奇石的价值构成 / 52

2. 影响奇石价格的主要因素 / 55

3. 奇石市场概况 / 57

三、不同品类奇石介绍 / 63

(一) 矿物晶体类奇石 / 64

1. 单晶体类 / 64

2. 连晶类和双晶类 / 67

奇石 鉴赏与收藏

目录

3. 晶簇类与晶洞类／68

4. 矿物集合体类／70

5. 矿物包裹体类／75

（二）造型石与纹彩石类奇石／78

1. 灵璧石／79

2. 英石／85

3. 太湖石／89

4. 昆石／96

5. 雨花石／97

6. 菊花石／102

7. 大理石／110

8. 九龙璧／114

9. 红水河石／117

10. 戈壁石／129

（三）化石类奇石／132

1. 三叶虫化石／137

2. 珊瑚化石／139

3. 海百合化石／140

4. 菊石化石／142

5. 角石化石／144

6. 石燕化石／145

7. 昆虫化石／146

8. 鱼化石／147

9. 贵州龙化石／150

10. 恐龙蛋化石／151

11. 植物化石 / 154

12. 木化石 / 155

(四) 陨石类奇石 / 161

1. 石陨石 / 163

2. 铁陨石 / 166

3. 石铁陨石 / 168

4. 玻璃陨石 / 170

(五) 特种石类奇石 / 174

1. 纪念石 / 174

2. 禅石 / 175

3. 特异石 / 177

四、奇石的鉴别与防伪 / 181

(一) 奇石鉴别的主要工具 / 182

1. 放大镜 / 182

2. 测硬器 / 183

3. 磁铁或磁针 / 184

4. 素瓷板 / 185

5. 稀盐酸 / 185

(二) 几个有用的鉴定特征 / 186

1. 光泽 / 186

2. 解理 / 187

3. 断口 / 188

4. 密度与相对密度 / 189

(三) 几种精密检测法简介 / 189

（四）常见的作伪手法/ 191

五、奇石的收藏和保养/ 195

（一）奇石的采集/ 196

（二）奇石的清洗与修饰/ 198

1．矿物晶体类奇石的清洗与修饰/ 198

2．造型石与纹彩石类奇石的清洗与修饰/ 199

3．化石类奇石的清洗与修饰/ 200

4．陨石类奇石的清洗与修饰/ 200

5．特种石类奇石的清洗与修饰/ 201

（三）奇石的题铭/ 201

（四）附件的配置/ 204

（五）奇石的保养/ 208

1．矿物晶体类奇石的保养/ 209

2．造型石与纹彩石类奇石的保养/ 211

3．化石类奇石的保养/ 213

4．陨石类奇石的保养/ 215

5．特种石类奇石的保养/ 216

奇石概论 （一）

（一）
什么是奇石

奇石，顾名思义是石的一种。

什么是"石"呢？《辞海》对石的解释是：构成地壳的矿物质硬块。然而，这一解释并不完全贴切，且不说有些石并不都是来自地壳，它也可以来自比地壳更深的地幔，还可以来自宇宙中某些天体的碎块；而且严格地说，它还不是一个规范的科学名词。事实上，我们通常所说的石或石头，包含了两种不在同一个层次范围内的物质，即矿物和岩石。

矿物是地球上或宇宙中自然作用的产物（若为人工制造的则称"人造矿物"或"合成矿物"），它由某种元素或某几种元素结合形成，是通常能在常态环境下稳定存在的物质的一个基本层次；而且其中的绝大多数是构成地球（或类地天体）硬质壳层的最基本的组成单元。也就是说，如果不用化学分解的方法，仅用物理破碎的方法是无法把它再分解为两种不同的物质。另外，若从其化学组成来说，则可将其区分为单质矿物和化合物矿物两类。前者是由某种元素自身结合而成，后者则是由两种或两种以上元素结合而成。如钻石是由碳元素的原子独自相互结合而成的单质矿物，自然金是由金元素的原子独自相互结合而成的另一种单质矿物，石英则是由一个硅元素和两个氧元素化合组成的一种化合物矿物，硬石膏是由一个钙元素、一个硫元素和四个氧元素化合组成的另一种化合物矿物。矿物的化学成分是基本固定的，所以，我们可以用化学式来表示它们的化学组成。如钻石可用 C 表示，自然金可用 Au 来表示，石英则应表示为 SiO_2，硬石膏的化学式是 $CaSO_4$。

已知极大多数矿物是以固体形态产出，而且它们几乎都是晶体，只有个别例外。

岩石与矿物相比，是更高一个层次的物质。它们是由矿物集合组成的。与矿物不同，我们可以采用物理破碎的方法，将它分解为两种或两种以上的物质。所以，它不是构成地球（或类地天体）硬质壳层的最基本的组成单元，而是高一个层次的物质单元。一种岩石既可以由某一种矿物的许多小个体集合组成，也可以由两种或两种以上矿物的许多小个体集合组成。事实上，自然界不存在纯粹由某一种矿物独立组成的岩石。被地质学家称为"单矿物岩"的岩石，也不是真的完全由一种矿物组成，只不过是基本上由某一种矿物组成，但仍会包含有少量的难以明确辨识的其他矿物。譬如石灰岩和大理岩，就是一种单矿物岩。它们虽然基本上都由被叫作"方解石"的碳酸钙矿物组成，但也常常混杂有少量的石英或黏土类的矿物。至于被叫作"多矿物岩"的岩石，就会有至少两种以上易于辨识的主要组成矿物。譬如人们熟知的花岗岩，就是一种多矿物岩。它由长石、石英和云母这三种主要矿物组成，当然它也会混杂有少量的不易辨识的其他矿物，如磷灰石、锆石等。

岩石既然由矿物构成，它自然也是以坚硬的固体形态出现。

正由于矿物和岩石都以坚硬的固体形态出现，又都是构成地球（或类地天体）硬质壳层的组成物质，所以，在科学概念提出之前，当人们还没有认识到它们实际上是处于两个不同层次的物质，更不知道如何区分它们时，便笼统地给予了"石"或"石头"这样的称呼。

奇石是石，当然既包括了某些矿物，也包括了某些岩石。

究竟什么样的石，可称为奇石呢？

应该说，迄今为止奇石还没有一个被人们普遍接受的标准定义。大致说来，人们习惯上所述的奇石，是指那些自然天成的以具有独特的形态、优美的色泽、良好的质地、奇幻的纹理、深蕴的内涵，而深受人们的喜爱的石头。由于奇石不同于一般石头，它能满足人们的猎奇或审美习性，且可供观赏把玩，所以，常又被称为观赏石。奇石在我国历史上又有怪石、雅石、供石、案石、几石、玩石、巧石、丑石、趣石、珍石、异石、孤赏石等称呼。在日本，称其为水石，在韩国称寿石。但这些名称，应该说有的并不完全贴切，如案石、几石应该只是奇石中用于置放案几以供观赏的一个大类而已，它不能包括奇石中还有大量供人们玩弄于股掌之间的趣石、珍石。所以，这些易引起人们歧义的名词，还是不用为好。

2007年，我国国土资源部所颁发的《观赏石鉴评标准》（DZ/T 0224-2007）曾把观赏石定义为：在自然界形成且可以采集的，具有观赏价值、收藏价值、科学价值和经济价值的石质艺术品。它蕴涵了自然奥秘和人文积淀，并以天然的美观性、奇特性和稀有性为其特点。显然，这一定义较之习惯认识更注意到奇石所蕴涵的自然奥秘和人文积淀，也更强调了它的科学价值和经济价值。

需要指出的是，一些人还把分布于名山大川、风景胜地的形态奇特、富具观赏价值的风景异石，也列入奇石的范畴。如云南路南石林中的酷似人物造型的"阿诗玛"石、"母子偕游"石等；还比如辽宁大连市金县海滩的晶莹圆润的

云南路南石林中《阿诗玛》石

五色石等。但在本书中，我们不赞成把其列入奇石的范畴，因为虽然它们也和我们所说的奇石具有某些相似的共同特征，但它们是落地生根地构成为大自然风景名胜的一个组成部分，不像我们这里所说的奇石是独立的个体，已游离它们原先的产地，并可供人们随意安置，以便收藏和鉴赏。所以，能否游离以供把玩观赏，当是区分风景景观石与奇石的分界线。

另外，还应指出的是，奇石与宝玉石具有一定的共性，事实上，一些宝玉石的未经加工的原生料石也常常构成为奇石的一个品类；但从总体上说，奇石又区别于宝玉石。和宝玉石相比，奇石也具有稀少、罕见的属性；但在美观性方面，奇石的表现就与宝玉石不尽相同，它通常不追求鲜艳瑰丽的色彩，不追求晶莹剔透的质地，有的甚至朴素无华、色彩平淡，但却以其独特的造型、奇幻的纹理等方面而显示出它的美观性。在耐久性方面，奇石则大多稍逊于宝玉石，它有一个较宽的硬度范围，不像许多宝玉石都有6～7级硬度，而不少奇石只有3～4级硬度；而且有的质地还不那么致密，这使有些奇石不能像宝玉石那样长久地保存。奇石与宝玉石的另一个最大区别，在于宝玉石的优良品质，是需要经过人们的精心琢磨加工才能体现出来的，俗话说"玉不琢不成器"就是这个道理；而奇石则追求的是浑然天成，虽然也不完全排斥人为的少许加工，但绝不允许像宝玉石那样作精细的人为加工。

（二）

奇石的基本特点

奇石的特点有共性和个性之分。共性是所有奇石所共有的，个性则是某一类或某几类奇石所具有的。这里要讲的是它们的共性。

首个共性是天然性。它们都是大自然鬼斧神工、天造地设之作。前面已经提到，奇石是石的一种。而石不论是矿物还是岩石，都是构成地球或其他固体天体硬壳的组成物质，是自然界地质作用的产物。它们或来自滚滚流淌的炙热岩浆，或来自长年不断的泥沙沉积，再或来自翻天覆地的地壳变动。但仅由这些自然作用形成的矿物和岩石，往往还不能直接成为奇石，只有其中很少一部分又经某些自然作用的反复改造，更由于某种巧合的机缘，才把它们造就成为被人们喜爱的奇石。这就是为什么在铺天盖地满世界都是的石头中，能被选为奇石的只是极其有限寥寥几块的根本原因，是奇石稀有特性的决定因素。这里应该指出，奇石的天然性并不完全排斥适当的人为加工。如较常见的适当的清洗和上光保护处理，或是对一些类画石进行抛光处理，或在不影响其基本天然性的基础上的所作的有限截裁等。这里必须强调的是"适当"和"有限"，并应掌握只减不增、不许拼嵌的原则。也就是说人为加工的目的，是为了能更好地展示它所拥有的天然本色，而不是其他，更不应该有任何喧宾夺主之嫌。

第二个共性是奇特性。这是它们之所以被称为奇石，并被人们所珍爱的根本。这表现在它们或具有独特的令人啧啧称奇、拍案叫绝的形态，或具有华丽优美、引人瞩目的色泽，或有致密坚硬、如玉似翠的良好质地，或有奇巧变幻、如画似绣的图案纹理，或具寓意深邃，令人遐思的内涵。正是这些特性，使奇石每每被人把玩不已，不忍舍去。

紫水晶

雨花石《繁花似锦》

第三个共性是罕见性。可以毫不夸张地说，几乎每块奇石都是独一无二、世上无双的。这不仅对于每块具体的奇石来说是这样，就是对奇石中某个类别来说，它们也大多是旷世罕有、蕴藏稀少、难以寻觅的天工至宝，而且它们还常常是分散隐藏在许多毫无鉴赏价值的顽石之中，要人们像沙里淘金一般，甚至比淘金更难的艰苦寻觅，方能万里挑一地甄选出让人珍惜的奇石来。

第四个共性是珍贵性。奇石由于它的奇特性而具有观赏价值、收藏价值、科学价值和经济价值，并因此受到人们的喜爱，更由于它的罕见性而弥足珍贵。所以，许多奇石都拥有不菲的售价。如果有机会浏览一下奇石市场，将不难看到一些方寸大小的奇石，却标价高达几万元、几十万元，甚至百万元、上亿元。虽然其中不乏有人为炒作、恣意抬高价格之嫌，但这仍明白无误地反映出，奇石在人们心目中奇货可居的珍贵性。

第五个共性是美观性。前面我们已经谈到奇石的美观性，在表现上与宝玉石不尽相同。虽然它不刻意地追求鲜艳瑰丽的色彩，也不刻意追求晶莹剔透的质地，但这不等于说奇石都是色彩平淡、朴素无华的，而是有的也是以拥有五光十色、艳丽夺目的色彩见长的。尤其是奇石中的彩石亚种，更不乏可与宝玉石媲美的色泽，而且与宝玉石不同的是，它们还常常不是只具单一的颜色，而是常见几种不同的颜色巧妙地汇聚在同一块奇石上。比如著名的雨花石，就常常拥有纷然杂陈、令人眼花缭乱的色彩。当然，奇石的美观性更主要地不是表现在这个方面，而是表现在它们或具有独特的、奇秀的、雄健的造型，或具有奇幻的、如画似绣的图案纹理，或具有让人遐想联翩的深邃内涵。尤其是那些寓意深奥的奇石，它们的美观性多不表现在外表色泽和形象上，而是表现在那需要人们细细品鉴、回味无穷的内涵上，是一类要用心去体验的艺术珍品。也就是说，这时候它们不仅是一种形象艺术的天然佳作，还是一种心境艺术鉴赏的绝佳对象。人们在鉴赏这类奇石时，不仅可以获得形象上的美感，更可获得心神的启迪；甚至能从一块块冰冷的石头身上，联想出人生的各种境遇，悟出宇宙自然界的神奇多姿，并藉以充实头脑，丰富心灵。

奇石除了上述五个共性外，一些不同品类的奇石，还有可反映它们各自特征的个性。关于这些，将在分类介绍时予以阐述。

（三）奇石的分类

奇石是一个品类庞杂的群体，它包含了多种多样色泽不同、形态各异、来源迥异、成因多种、用途各样、价值悬殊的石种。因此，对奇石应该进行怎样的分类，一直是众说纷纭，有着诸多不同的方案和版本。

方案一：有人将其分为：彩石（以观赏各种天然色彩为主）、纹石（以观赏各种自然纹理为主）、类画石（以观赏类似绘画作品的天然画面为主）、类雕塑石（以观赏类似雕塑作品的天然立体造型为主）、文字石（以观赏各种类似文字的石面为主）、矿物晶体（以观赏结晶形态和色彩为主）、生物化石（以观赏化石中形态完整的古生物为主）、特种石（以观赏特殊含义、特殊功能或特殊现象为主）8种。

方案二：把奇石分为：景石（造型、纹理似山水形态者）、类石（造型、纹理似动物、植物、人物者）、晶石（晶体类石）、化石、琼石（似玉非玉，质地温和清丽，色彩艳丽秀美者）、禅石（具某种寓意和禅理者）6种。

方案三：主张将其分为具象石、抽象石、图案石、文字石、色彩石5种。

方案四：主张作更详细的按不同分类原则来进行分类，如按产地分：有灵璧石、大化石、黄河石、昆石、太湖石等；按质地分：有玛瑙、硅质岩、碳酸岩、金属矿物、非金属矿物等；按成因分：有水冲石、风蚀石、冰蚀石、岩浆凝结石、陨石等；按表象分：有造型石、图案石、色彩石、文字石等。

诸如此类的分类方案还有若干个，这里就不再一一介绍了。显然，这些不同的分类方案，反映了奇石品类的复杂性，致使人们出现不同的认知，也使这些方案各有所长，各有所短。有的（如方案三）就过于简略，难以覆盖所有已知品种的奇石；也有的分类界线模糊，使人难以准确把握（如右图中的"五花肉"，若按方案一，究竟应将其列入彩石还是纹石？或是类

汉江石"五花肉"

（13厘米×15厘米×6厘米，汉江奇石斋奇石馆藏石）

画石?)而方案四则分类过细,且又涉及一些专业知识(如成因分类),更令普通藏石爱好者难以把握。

笔者以为奇石的分类还是应该掌握"宜粗不宜细"的原则。因为奇石分类的目的,主要不是为了科学的研究,不是为了分析它们的成因和物质组成,而是为了便于藏石者鉴赏,便于了解它们的潜在的价值。因此分类应该不那么深奥,具有一定的直观性,让人能通过粗略的观察,就能迅速作出判断,以利于普通爱好者的操作。"宜粗"的另一个好处,是它更容易容纳、涵盖已知的各个不同品类的奇石。鉴于此,在本书中,笔者将奇石总的划分为5类:

1. 矿物晶体类

这是一类以大小不一的矿物晶体为主要构成的观赏石。它们可以是单纯由某一种矿物的独个晶体,或其双晶、连晶构成;或以不同形态的集合体和晶洞、晶簇构成;也常见几种不同矿物的晶体共生在一起,形成美丽的晶簇。

此类奇石常常具有靓丽醒目的色彩,璀璨明亮的光泽,晶莹透剔的质地。其中有许多本就是宝玉石的原生矿石。因此通常具有极佳的观赏价值和经济价值,而且也常拥有良好的科研价值,是地质学家、矿物学家、晶体物理学家梦

菱锰矿水晶晶簇

寐以求的标本。评价此类奇石的价值，通常首先决定于其组成矿物的类别，如果它是由一些十分罕见的稀有矿物如彩钼铅矿、翠铜矿等，或宝玉石矿物如金刚石、红宝石、翡翠等构成，自然身价百倍。其次才是它的观赏性，这时应主要看其造型和相关矿物的布局。比如一些较常见的矿物——水晶、方解石、黄铁矿等，若晶形完整、个体较大、色彩瑰丽、总体布局喜人，自然也会有不菲的价值。

2. 造型石与纹彩石类

这是奇石中数量最庞杂的一个大类，包括了前人所分出的彩石、纹石、类画石、类雕塑石、文字石、景石等。实际上，人们传统观念中的观赏石，主要的就是指的这一类奇石。它们大致可区分为造型石和纹彩石两大亚类。

（1）造型石亚类：这是一类以其形态、造型而具有观赏价值的奇石。根据其形态、造型特征的不同，还可以将其再分为：

① 景观石：系一类以其形态以缩微景观一般的造型石。它们有的雄峻挺拔，如奇峰险岭；有的突兀矗立，如峭壁千仞；有的凹凸嶙峋，如危岩叠嶂……总之，能给人以锦绣山川或怪石巉岩的无限想象。

对于此类奇石的鉴赏，前人还提出用瘦、皱、漏、透、清、丑、顽、拙、奇、秀、险、幽等12字予以评述。瘦，指石体硬瘦苗条，棱角毕现，丰而不肿，高而不疲，有雄伟峻秀的气势。皱，则要求石头通体多皱纹，疙疙瘩瘩，若行云流水，似披麻折带，显示出历经沧桑之美。漏，要求石体九窍相通，空髓网布，一窍焚香，孔孔皆出。透，与漏近义，不过漏说的是竖向，透讲的是横向，但也有人认为透还指透光明亮，玲珑剔透。清，古人以阴柔为清，石峰婀娜多姿，神韵飘逸，是为清。丑，指其寓意奇突，出人意料，无以言状，名之为丑，实为一种震惊之美。清代文学家刘熙载有云："怪石以丑为美，丑到极处，便是美到极处。一丑字中，丘壑未易尽言。"对奇石的丑作了高度的概括。顽，是阳刚之谓，挺拔险峻，开阔伟岸，令见之者精神振奋，怡然似作五岳游。拙，乃是深厚素朴、憨然无邪之貌，实是拙外慧中，有君子之风。奇，指其奇巧卓绝，出类拔萃，不同凡响，令人叹为观止，有人指出正是它的这种奇形怪状，才更显示出石的灵气。秀，系明丽峻秀之意，指其千姿百态，空透灵邃，疏秀遒劲，似庐山之秀、峨眉之美。险，指其尖削挺拔，参差陡直，似险峰危岭，千仞峭壁。幽，指其极具鉴赏之价值，幽趣盈然，令人品味无穷。当然客观上，每块此类造型石不可能沾尽这12字诀的全部要义，这时当视其能体现出其中的几个要点，并以所沾要点越多越好，价值也会越高。

景观石

左:"龙盘玉柱"(灵璧石)。右:"孤岭崎岩"(英石)

除上述之外,20世纪90年代以来广西大化石的出现,使一些人又提出"形、色、质、纹"四个新的评价因素。形,指石体的总体形貌,以雄伟奇突、杳渺壮观的某种抽象美为佳;色,指其色彩,以靓丽明艳、令人赏心悦目,或古朴典雅为佳,其中若具某种稀缺的色彩就更加珍贵;质,指其质地,以坚硬细腻、温润如脂、光洁莹润、表面如釉似瓷为佳;纹,指石中所蕴涵的纹理、丝絮,以细密显明、褶皱有序为佳,若能构画出某种抽象的图案就更上一层楼。

另外,景石大多色调比较单一,若有俏色相伴,且能相映成趣、相得益彰,其价值自然又看高一筹。

② 类物石:这是一类以其自然的外形轮廓,以及可能的条纹、色斑酷似某些人物或动物、植物以及其他具体事物,而赢得人们珍爱的造型石。

它们有的可以栩栩如生,十分逼真,令人拍案叫绝、啧啧称奇;有的似是而非,疑幻疑真,变幻莫测,难以捉摸,以致让人不得不细细品味,反复揣摩。一些人认为后一种的观赏价值常常超过前者,因为它们更拥有让人深思细虑、绞尽脑汁、展开想象翅膀的魅力,也更有让人持久把玩的趣味。

(2)纹彩石亚类:这是一类不是以其外表轮廓造型取胜,而是以石中不同色彩的条纹、斑点,甚至绺裂等的巧妙组合吸引人们眼球的奇石。根据其表现特征的不同,也可将其再分为:

① 类画石:这是一类由于石中不同色彩的条纹、斑点、包裹物甚至绺裂等

类物石

左:"送子观音"(该石荣获 2009 中国精品奇石大赛"十佳灵璧石"大奖,长 22 厘米,厚 12 厘米,高 59 厘米,重约 13 千克)
右:"唐老鸭"

类画石

左:"金鸡独立"(巴林彩石)
右:"轻舟已过万重山"(雨花石)

的巧妙组合,而能构成绚丽多彩、千姿百态、具有各种意境画面的奇石。

许多雨花石和风景大理石是这种类画石的典型代表。它们有的绘影绘色,活龙活现,几可乱真;有的粗犷抽象、幽默变形,仿佛现代派画家的佳作。和类物石类似,人们大多认为后者更具让人反复品味、展开想象翅膀的魅力,因而也更具观赏价值。

② 文字石：这是一类由于石中不同色彩的条纹、斑点的偶然巧合，从而构成某个字符的纹彩石。从地质学的角度看，构成文字石的条纹多为后期矿脉（常是方解石脉、石英脉之类）沿石中裂隙充填的结果。文字石由于其所表现的文字大多是一些笔画比较简单的数字或个别字，相对易于找到具有相似字符的其他文字石，故其价值通常较低，尤其是单独一块的文字石更是如此；但若有几块文字石组合在一起，并能恰好用来表达某种含义，就能大大提高它的价值。不过，即便如此，从鉴赏的角度看，它通常还是远不及类画石。

文字石："长江三峡文化广　万古人文一石中"（李景涛收藏）

③ 彩石：这是一类具有某种令人喜爱的色彩的奇石。它可以是浑然一色，也可以是杂色相间、斑驳陆离，还可以彩纹条条、错落杂陈，但它们都不构成有意境的画面，也不构成某种字符。这类奇石的价值当主要体现在其所拥有的色彩上，色彩愈艳丽愈醒目，或愈五彩缤纷、姹紫嫣红，价值也就愈高。

彩石

3. 化石类

这是一类由化石构成的奇石。众所周知，化石是远古时代生物的遗体、遗物（如粪便、古石器等）、遗迹（如足迹、虫孔等）转化而成。尽管在长达几十亿年的漫长的地质历史时期里，地球上曾经生活过难以计数的各种生物，但它们死后能转化成为化石保存下来的是十分稀少的。据说一般只有几万分之一，而且大多还残损不完整，所以化石类奇石普遍非常稀缺。

一些保存完好的化石，常可给人以如天然石画一般的观赏效果；有的甚至栩栩如生、跃然欲出，怎能不让人眷爱。另外，由于远古生物绝大多数已经灭绝，所以有些化石还会呈现出一些令人迷惑、难以识辨的奇特形迹，而引起人们的无限遐思，从而也就更激起人们对此类奇石的爱好。

当然，化石类奇石的价值，除了观赏之外，更重要的是它们所蕴涵的科研价值。所以和矿物晶体类奇石相似，化石类奇石的经济价值首先决定于化石的生物种属。脊椎动物类生物的化石通常都大大高于无脊椎动物的化石，而且一般说来，愈是高等的生物，其价值也愈高。

其次，要看它保存的完整性，保存愈完整、愈清晰，价值也愈高。植物类化石之所以大多具有较低的价值，就是因为它们大多只能保存断枝片叶，

贵州龙化石

由三叶虫的尾部构成的所谓"燕子石"

而难见有完整的植株（如果能找到完整的植株，其价值当不会低于脊椎动物化石）。

除此之外，化石石质的优劣也很重要，由于许多化石类奇石的石质是相对较软、较易破碎的砂页岩类岩石，这使它们易于损坏，不易保存、收藏，价值自然也就降低。

4．陨石类

陨石是来自地球之外的其他天体的硬质碎块。迄今为止在偌大的地球中仅记录陨落事件1 700余件，已采集到的陨石也只不过3 000余件，而且极大部分是来自南极的冰原（那里风化作用相对较弱，而且散落在冰面上的陨石也更易辨识），因此其稀罕程度是可想而知的。但由于其外观大多如普通之顽石，平淡无奇、其貌不扬，因此也常被人们所忽略，在传统的奇石收藏中未能占有应有的地位。

近代随着科学知识的普及，人们开始认识到它所具有的巨大的科研价值、收藏价值和观赏价值，因为它是人们用于了解地球之外其他天体最佳的实物标本。它不仅可以告诉我们，其他天体与我们地球相比在物质组成上有何异同；

也可以告诉我们许多在地球上无法了解到的宇宙作用过程；它还会向我们提供关于生命的起源、地球的起源、太阳系的起源等重要信息。所以，它的科研价值是怎么说都不过分的。另外，从观赏的角度来看，虽然它们粗看似乎平淡无奇、其貌不扬，但实际上，它们的观赏价值一点不亚于其他品类的奇石，只不过需要的欣赏眼光和角度不同而已。也就是说陨石的观赏，需要有更敏锐、更精细的眼光，这样你才能发现它的内在的美、内在的奇妙之处。至于它的收藏价值更是无庸赘述的了。

陨石类奇石的最大特征，是它们的表面会具有众多微微凹下的所谓"气印"。这是它们在陨坠过程中与地球大气层剧烈摩擦、发生熔融气化留下的痕迹。

陨石，从其物质组成来讲，一般将其分为三类：石陨石、石铁陨石和铁陨石。其实应该是四类，即还有数量众多的冰陨石，但因其在坠落过程中大多已被融化，因此直到20世纪后半叶才被人们证实它的存在。冰陨石虽然具有巨大的研究价值，但它的保存和收藏却需要有特殊的设备，因此一般未将其列入奇石的收藏对象。除此之外，还有一类由玻璃物质构成的玻璃陨石，但因对其是否确实来自地球之外尚存在不同的争议，因此，科学界未将其归入上述四类陨石之中。不过，从我们奇石爱好者和收藏者来说，由于它与其他三类陨石具有某些共同的特征，所以我们可暂不管其在成因方面的争论，仍将其作为陨石类奇石予以收藏。

陨石

左：著名的吉林石陨石。右：铁陨石

5. 特种石类

在种类庞杂的诸多奇石中，有一些无论从哪个角度看都不能归入上述4类的奇石，可划入特种石类。根据它们各自特征和含意的不同，可将它们再分为几个小类：

（1）纪念石。此类石块，实际上称不上是奇石，因为它们大多朴素无华、相貌平平，既无奇特的造型，也无优美的纹理，更无鲜艳的色泽，所以大多缺乏艺术欣赏的美学价值；但是它们却通常都拥有深厚的文化历史价值，是人们用来纪念某些事件或某些人物或某些特定活动的石质纪念物。比如人们去南极考察，随意采集到的南极当地的石块，用以纪念南极之行的"南极石"；人们攀登世界最高峰，从峰顶采集到的岩块"珠峰石"等。

有些纪念石可以有更深厚的历史渊源。譬如在苏州文庙内有一块一人多高的大石块，外表毫无引人之处，仅上面刻有"廉石"两字。相传它是三国时吴郡（即今苏州）人陆绩从广西郁林太守卸任，取海路归乡时带来的。因他为政清廉，两袖清风，别无长物，只好带上这块大石用来压舱，以防海浪颠覆。后人为纪念这一事迹，遂在石上刻了"廉石"两字，让人们能睹石思情，引为榜样。再譬如我国著名民主人士沈钧儒，1952年赴苏联访问期间，在当年列宁躲

苏州文庙中陈列的"廉石"

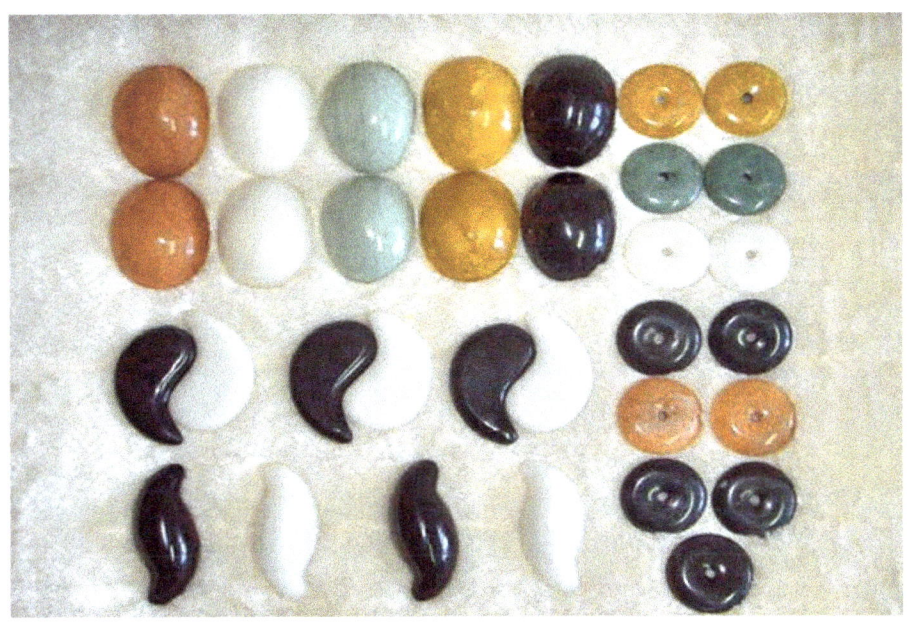

五行八卦石

避沙皇追捕栖身的拉兹里夫车站附近草棚边，捡拾了一块石头以作纪念，并每每向人说起，看到这块石头就会想起当年列宁的艰苦奋斗精神。

纪念石也不一定都是用来纪念伟大的事件和伟大的人物，它也可以是我们自己的小小纪念品。比如去某地旅游，采集当地的石块用作纪念；也可以是自己的某种与石有关经历，留下用作纪念。

纪念石的经济价值，主要决定于它所蕴涵的历史文化价值的大小。至于一般的纪念石，大多无实质上的经济价值。

（2）禅石：赏石界通常所说的"禅石"，也即所谓的"禅意之石"。它在人们的心目中，虽然也是一种审美的对象，但却不是单纯的审美，而是将欣赏者的人生观、价值观、审美观等体现在石上。轻现象而重本质，石之形式美丑在此已无关紧要，关键是石中是否暗含禅机，能让欣赏者从石头上领悟出一些人生的哲理，培养神思安定的心性，达到精神上的愉悦和超脱。

除此之外，禅石也包括一些被人用于宗教活动的奇石。如产于四川峨眉一带由峨眉山玻璃质玄武岩构成的所谓"太极石"；由峨眉山一带一种竹叶状砂岩构成的所谓"八卦石"（砂岩中的"竹叶"构成阴爻"— —"和阳爻"—"，可组成八八六十四卦）；以及由两种不同种类和颜色的岩石相嵌而成的"两仪石"等。

重 4 300 克的汉中香石

(3) 特异石：这是一类不以其形态、纹理、色泽见长，而是以所具有的特异性能而受到人们青睐的奇石。此类奇石往往各具特征，而且大多数量相对较少，是许多奇石爱好者珍爱的藏品。惜因它们大多其貌不扬，致使其经济价值不免有所贬折。现试举数例简介如下。

① 香石：此类奇石往往没有任何令人瞩目的华丽外表，就如最普通的瓦砾碎石一般，但它们拥有奇特的久久不会消除的气味，因而赢得了人们的欣赏。比如我国陕西汉中地区产的一种呈棕红、棕褐、黄棕、黄绿等色的蛇纹石化大理岩，就具有淡淡的似巧克力的香味，而被称为"汉中香石"或"金香玉"。香石的价值，以其香味浓郁程度的不同来衡量。

② 开花石：众所周知，石是无生命的物质，除了历经岁月、受到风化作用的影响而消蚀之外，它不会发生什么变化。但世上偏偏就有这样的奇石，它不仅会变化，还会开花长个儿。如据报道，在我国东岳泰山脚下的一个石文化陈列馆内就有一块这样的奇石。它高约 30～40 厘米，原有茶碗般粗，形似海豹昂首，周围长满了米粒状的疙瘩，密密麻麻酷似花蕾。过不几天，这些"花蕾"就会真的开出一朵朵米兰似的"花朵"来。"花"开败后便结成一层新壳。由于"花花"相连，致使该石一年长出一层。从发现以来的 3 年中，此石已长高了几厘米，

变得如茶壶般粗。类似的会开花、长个儿的奇石，在其他地方也有少量发现。

③ 生发石：和开花石类似，这也是一种仿佛拥有生命的奇石。不同的是它不开花，却会萌发出根根如毛发一般的丝状物。例如，辽宁本溪收藏家田恩宏于1987年在青岛出差时，就曾从民间收购到一块这种奇石。这块后来被命名为"白发魔女"的奇石，初看与普通鹅卵石并无两样，通体呈乳白色，高约20厘米，直径约15厘米，形状宛若人的头部。其奇特之处在于，石头的一面生有上千根"白发"，俨如一头飘逸的长发。"白发"长5～10厘米，比人的头发还略粗一些，发须是中空的。这块奇石为什么会长出满头"白发"呢？经青岛中国科学院海洋研究所刘瑞玉院士等人的研究，原来是附生了一种被称为"头盘虫"的海洋生物的缘故。头盘虫在动物学里属于半索动物门羽鳃纲头盘虫属。它本应生活在海中，可能是在海浪的激荡下，偶然地被抛上海滩，并为人们所捡获。

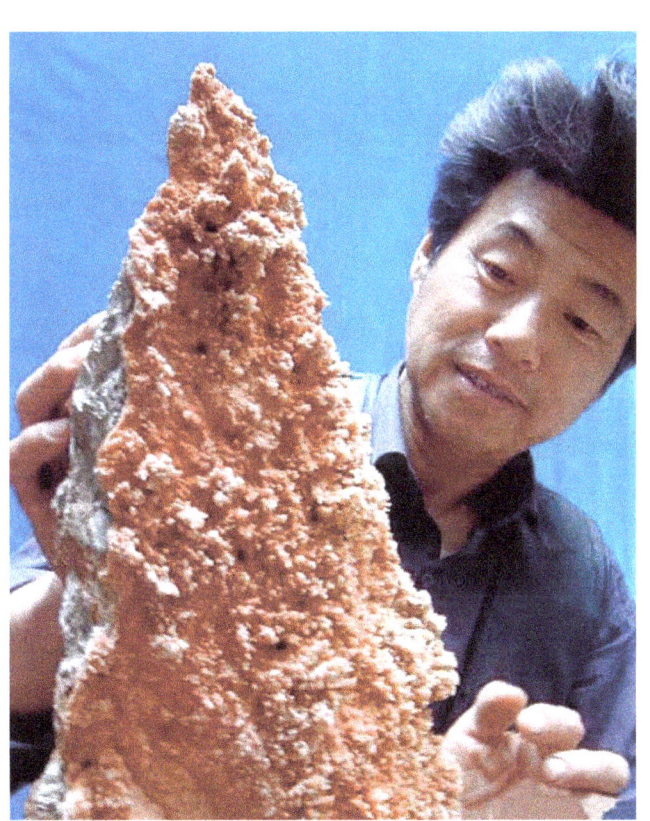

昆明信息港发布的一块"开花石"及其持有者蔡先生

 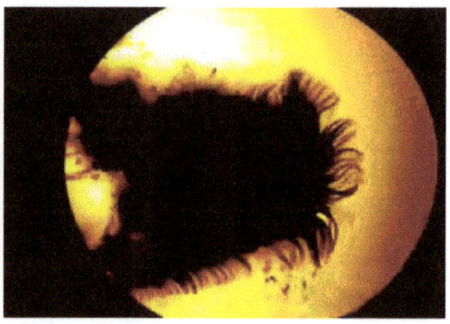

左：刘瑞玉院士在观察"白发石"。右：显微镜下的"发须"

④ 电视石：这是一种具有十分奇趣性质的奇石，它们来自美国的加利福尼亚州。当将这种奇石沿某一特定方向磨成两面抛光的扁平块时，透过该石可以看到另一面透过来的其他物体的影像，会因物体的移动而如魔术般地变幻。

⑤ 变色石：据中国新闻网报道，张崇德近日发现了一块奇怪的变色石头。这块奇石，高22厘米，直径19厘米，为粉白色，浑圆、呈球状，看上去像透明的玉石一样，全身是指甲花纹，摸上去冰凉透骨。奇的是用水一淋，石头上就出现红、黄、黑、青的花纹，但水干后就又只有粉白色了。据有关专家鉴定，这是一块罕见的玉化了的"五彩云纹石"，产于四川岷江。

奇石的欣赏与收藏价值 二

（一）奇石欣赏的历史渊源

1. 人类文明与石文化的发展

众所周知，人类文明的起始，就与石结下了不解之缘，是石给原始的人类提供了防身、采集、狩猎、祭祀、筑巢的用具和各种生活用具。有人说，人类的文明就是从玩石头开始，可说是十分贴切的。那时候，人们拣石头作武器，凿石头作工具，磨石头作礼器，搬石头作祭坛，雕石头作神像……正是在这无休无止地与石头打交道的过程中，人们渐渐地体验到石头的坚硬、沉重、耐久和种类庞杂等相关的品性，也渐渐地发现石头中所蕴涵的众多的能让人精神得到享受的美。

据报道，不久前，欧洲的奥斯陆大学的考古学家在非洲博茨瓦纳西北部进行考古活动时，无意中发现了一个极为隐秘的洞穴。令人惊奇的是，洞中竟有一个用石头堆筑排列而成的巨蟒之头。其中巨蟒的眼睛、嘴巴均清晰可见。射入洞中的阳光，仿佛给这石头巨蟒披上了一层金光闪烁的鳞甲。夜晚，在火光的照耀下，这条石头巨蟒更是栩栩如生。相关的考古资料证明，这个洞穴是一个7万年前的宗教遗址。它的发现表明，早在7万年前，人们已有艺术的鉴赏眼光，懂得利用石头来构筑心目中的某种偶像。此外，人们也曾在奥地利维林多夫发现一个用石灰岩雕琢的裸女像，成像年代估计距今约2.5万年。它可能是古人心目中的生育神，是古人生殖崇拜的表现。从文化意义来说，表明石文化进入了一个新的阶段，有了最初的石雕艺术品。

岩画的出现，是人类把石从实用领域推向艺术领域的另一个里程碑。据报道，目前世界上已发现的岩画遍布五大洲150多个国家的众多地区。其中最早的据说出现在约4万年前。著名的如法国西部多尔多省约3万年的屈萨克岩画；1万～3万年前的西班牙阿尔塔米拉岩画；约1.1万年前的叙利亚北部的岩画等。我国也发现有大量岩画，分布在宁夏、内蒙古、新疆、广西、云南等18个省、自治区内180多个县（旗），延续时间大约从2万年前的旧石器时代末期直至数千年前。这些散布在世界各地的岩画所表现的内容均十分丰富，不仅有神、人、畜、兽等的形象，也包含有战争、狩猎、放牧、祭祀、礼仪、生殖、日常生活等方面的场景，从多个方面记录和反映了远古人类的生活。显然，这些作为人类早期石文化重要载体的岩画，不仅具有极大的史料研究价值，而且也为人们早期石质艺术的创立和发展作出了积极的贡献。

把石从实用领域推向艺术领域的另一重要里程碑，是随着人们艺术欣赏力的提高而出现的用美丽的石头来装饰自己。1956年，在法国南部地中海沿岸一个40万年前的遗址里，人们发掘到几块红色的赤铁矿小块，上面有着经人工磨蚀的痕迹。这使一些人认为，那时的原始人类已经懂得用它来涂抹、打扮自己。不过也有一些人认为，40万年前的古人类在意识形态上可能还不具备这样的装饰意识。如果不算这一发现，那么至少在旧石器时代的晚期，人们已有用小石块来装饰自己的可靠证据。例如在欧洲前南斯拉夫沙尼达尔人遗址（4万～5万年前）、我国山西峙峪人遗址（约2.8万年前），都曾在古人头骨边发现有和兽牙、贝壳混在一起的小石块，显然是用于装饰。更可靠的证据是在我国北京山顶洞人遗址（约2万年前）发现的。在这里人们发现的用于装饰的石珠，竟然还用赤铁矿加以染红，开创了珠宝人工优化的最早案例。

随着人类文明的不断发展，石在人类生活中的作用也越来越举足轻重，并出现了越来越多的与石有关的大手笔。英格兰的巨石阵，复活节岛的巨石像，埃及的金字塔，希腊的帕特农神殿，我国的长城、乐山大佛……石文化巨迹的

法国2.2万～2.8万年前的屈萨克岩画

制作于0.6万～0.8万年前的云南文山岩画

唐开元年间（713～741年）建造的四川乐山大佛

英国史前建造的"巨石阵"

建成，把人类的石文化推向了更高的阶段。

所以，从某种意义上说，一部浩如烟海的人类文明史，也就是一部漫长的由简单到复杂、由低级到高级的石文化史。那些各种各样的石头，始终伴随着人类从蛮荒时代逐步走向现代文明，还将奔向久远的未来。

2. 奇石欣赏的文化背景

如前所述，石文化的发展根植于人们多方与石打交道的过程中。在这一过程中，人们必然地会为一些色泽艳丽、形态喜人的石块所吸引，并自觉不自觉地把它们保留下来，这就为赏石文化的产生奠定了物质基础。毫无疑问，赏石的目的不是为了实用，而是为了欣赏，为了精神上的享受，于是这就必然地涉及到人的精神世界，涉及到意识形态上的观念。在人类历史的早期，生活在不同自然地理环境里的人，由于山川湖海的阻隔，缺少相应的交流，致使他们有着不同的发展历史，也产生和形成不尽相同的意识形态。这反映在赏石文化上，也就必然出现不同的理念，深深地烙下不同意识形态的烙印，并逐渐形成和发展出具有明显不同特征的两个赏石文化分支——东方赏石文化和西方赏石文化。

东方赏石文化和西方赏石文化的产生和差异，源于东、西方民族在历史文化背景方面的发展和差异。一般来说，以我国为代表的东方赏石文化，由于深受儒释道文化的影响，比较注重人文内涵和哲理，有比较抽象的理念和人格化的感情色彩，其观赏主体（自然石种、天然石形）往往丰富多彩，甚至可随心所欲、因人而异；而西方赏石文化因受古希腊逻辑思维和基督教精神的影响，比较注重科学和历史的内涵，有比较直观、明确和科学的理念，其观赏主体常以各种动植物化石和多姿多彩的矿物晶体为主。

这里简要地介绍我国赏石的文化背景。

众所周知，我国传统文化思想中，占主导地位的是儒、道、释三教。应该说这三教的理论思想都与石结下了不解之缘，并深深地引导和左右了人们对奇石的欣赏观念。

儒家提倡经世致用，受儒家思想熏陶的文人都有济世之志，并以修身养性为前提。孔子提出"知者乐水，仁者乐山"，又说"君子比德于玉"，主张玉有"十一德"。他不仅把对玉和石的欣赏人格化，也同时用玉和石的品性来要求君子。在他的影响下，历代的文人、名宿也一直以此作为自己修养追求的目标。所以有人说，是孔子开创了儒家以山水美石为修身养性之先河。

道家比起儒家，更崇尚自然无为，也就与石有着更深的关联。老子说："人法地，地法天，天法自然"。庄子曰："天地有大美而不言，四时有明法而不议，万物有成理而不说，原天地之美而达万物之理，是故圣人无为，大圣不作，观于天地之谓也。"换句话说，他们主张的是对自然的回归，对人为的否定，所以圣人无为，大圣不作；在美学思想上则崇尚和谐、宁静、自然的天籁之美，认为最高的美学境界就是"大美"。这里"大"是指无穷、无限、无形、无声、无言，是人工所永远无法达到的一种境界，因而有所谓"大象无形、大音希声"之说。受老子、庄子这些思想的影响，文人逸士都怀山水之念，追求超然物外、逍遥自在的生活。对石的欣赏则追求大象无形，也即认为最完美的形象是捉摸不定的，是自然的、非人力所为的。因此一些高人、隐士更以遁迹山林、归隐终生为最高的追求。正是这种回归自然的意识，为中华赏石文化的兴盛奠定了牢固和广泛的思想基础。

片石孤峰窥色相，清池皓月照禅心

佛教自东汉传入我国之日起，便不断被中华文化所改造。南北朝时期达摩来华传授禅法，创立禅宗。之后经慧可、慧能等的宣教、推行，禅宗渐渐占领了主流地位。它主张明心见性、顿悟成佛，把印度佛教理论的出世解脱，转化为及时超然的态度，处万物之中而不受一物之束缚；主张心中无事，随缘任运，在直觉中体悟禅心，即所谓"平常心是道"。所以人们认为禅宗实际上是道家化的佛学，是道家思想的全面延伸。如果说道家思想的特征是遁世，那么禅宗则进而主张出世。道家美学的精神境界是忘我忘物，物我同一，以自然为美，禅宗则进而要求斩断尘缘，出世拔俗，以空为美。禅宗虽崇尚自然但又不避尘俗，常建佛寺于闹市，并发扬了庭院设计的新风格，把大自然的广阔天地压缩到有限的空间里，以一种象征的方式来代表大自然。"片石孤峰窥色相，清池皓月照禅心"，认为以片石勺水也能达到宁静自然的野逸境界。所以有人指出，就回归自然上看，禅宗较道家又有了全新的发展。也即道家回归的是自然无为的山水之境，而禅宗回归的是片石勺水所暗示的心造之境，其实质就是通过寥寥数石来体悟自己自然清净的本心。所以有人说，从这点而言，是禅宗真正为我国特有的赏石文化奠定了基石。

3．历代的爱石情怀

我们已经谈到爱石、赏石有着十分悠久的历史，是根植于人们多方与石打交道的过程中的。在已发掘出来的一些史前遗址中，就曾发现有一些石器经过精心的打磨，表明人们已从单纯追求实用，进入了也追求美观的境界；而且有些石器已被作为礼器和祭器，受到人们的顶礼膜拜。这种从制造工具到制造礼器、祭器，也即装饰品的变化，无疑是美的观念的一大飞跃。因为装饰纯属一种形式，是形式美。它表明，此时美已经开始独立存在。所以爱石、藏石之风早在人类的史前时期便已有了萌芽。1955年，在南京新石器时代的北阴阳营文化遗址（距今5千~6千年）中，发掘出的那些为数不少的纹彩斑斓的雨花石，就是一个很好的明证。

先秦时期

夏商时期，我国先民对石的崇尚和爱好，首先表现在对"石之美"——玉的爱好和欣赏上。其实早在夏商之前，玉已不仅仅被作为制作礼器和祭器的用材，而且已成为权力、地位的象征；成为部落的图腾和徽号。如传说黄帝在打败蚩尤之后，分封诸侯时，便曾以玉作为执掌权力的凭证。到了夏商时期，帝王权贵对玉的追求和占有更是上升到新的高度，他们不仅生前拥有大量的玉，而且死后也纷纷用玉来作为陪葬品。如人们在商王墓中，就曾看到墓室四壁文彩斐然，且嵌有宝玉；周围堆放着青铜、美玉、雕石等器具。著名的商王武丁之妻妇好之墓，出土的铜器、石器、玉器、骨器、陶器等多达1928件。尤其玉器品类繁多，制造精美，可说是集古玉器艺术之大成，充分显示了当时人们对玉，也就是美石的崇尚。又《尚书·禹贡》还记有："泰山山谷中产怪石"，并被列为向禹王进贡的珍品之一。可见除玉之外，一些怪石、奇岩也成为人们心目中的珍品。

此外，夏商以来，人们对石的崇尚也表现在最早的园林建设中。园林最初叫囿，起源于殷商。它是帝王、奴隶主放养禽兽以供田猎取乐和欣赏自然界动物生活的一个审美享乐场所。以后随范围的扩大和种类的增多，渐渐发展成为园林的雏形。《史记·殷本记》："(纣王)好酒淫乐……益收狗马奇物，充轫宫室，益广沙立苑台，多取野兽蜚鸟置其中……乐戏于沙丘。"显然苑台、沙丘的建筑，必定少不了使用怪石、奇岩。之后，各国王侯为娱乐享受，更是竞相经营宫苑，争奇斗胜。如吴王夫差曾筑"姑苏台"。《说苑》则记有"楚庄王筑层台延石千重，延壤百里"，足见当时园林已初具规模，并且院内有地形起伏变化和山石、奇物、鸟兽、层台等的设置。

还有史载周武王伐纣，曾"获宝玉万四千，佩玉亿有八万"。如此多的玉，显然不会全部是真正的玉，而是一定夹杂有大量的被古人视为是玉的"石之美者"，也即我们今天所说的观赏石。据此可见，商纣及其近臣还都曾是奇石的爱好者和收藏家。

延至西周，玉更已从帝王扩展至士大夫和庶民阶层，以致当时"举凡国家之以祀、以飨、以朝、以聘无一而不用玉，自天子以至庶人，未有身不佩玉者"。

此外，在此前后成书的一些典籍中也不乏有关于奇石的记述。《尚书·禹贡》在列举九州上贡的物品中就记有，青州产"铅松怪石"，徐州产"泗水浮磬"。所谓铅松怪石很可能就是今天我们所说的模树石；而泗水浮磬，则应当是来自泗水之滨古时就有磐石之称的灵璧石。我国最早的诗歌总集《诗经》，在赏石文化方面也提供了重要的记述。如记述了先人对美石的歌颂和以石为信物、以石为礼品相互赠送的情景。《诗经·齐风》："尚之以琼华乎而，尚之以琼莹乎而。"琼华、琼莹都是指美石，描述了齐国新娘出嫁，要在婚礼上赠送新郎美石为信物。还如记述秦国士子交往"投我以木瓜，报之以琼瑶"。琼瑶也是美石，已作为士子之间的礼品。又《诗经·栖舟》："我心匪石，不可转也，我心匪席，不可卷也。"则是以石托物明志。

秦汉时期

秦代继承了先秦时期的尚石传统，《岱览》载，秦始皇在对泰山进行封禅时，丞相李斯在岱顶发现了一个女石像，遂称其为"泰山姥姥"，并进行了祭奠。传至宋真宗东封时，因疏浚山顶泉池发现损伤了的石雕少女神像，遂令皇城使刘承硅更换为玉石像，封为"天仙玉女碧霞元君"，泉池则称为玉女池。不难看出，碧霞元君源于一个象形石，因怪石酷似女子，便以其形而赋予神女的内涵，以后又进一步神化，才塑造而成神女偶像。

在泰山，岱顶之上还有一无字碑，是我国最古老的巨型立石。此石为一长方体，下宽上窄，四边稍有抹角，上承以方顶，中突，高6米，宽约1.2米，顶盖石与柱石皆为花岗石，石柱下无榫，直接下侵于自然石穴内，无基座，无装饰，通体无色彩，无文字，粗犷浑厚。由于年代久远，风雨剥蚀，虽无字胜有字，蕴藏着大量信息，为后代留下了不尽的话题，有深刻的审美底蕴。明代

后世塑造的"碧霞元君"

张岱《岱志》："泰山元气浑厚，绝不以玲珑小巧示人。"无字碑的造型质朴厚重，本身就是泰山精神的象征。同时，以巨大的山石为美，也体现出当时在山石的欣赏上，不是崇尚玲珑剔透，而是以大为美、以壮为美、以阳刚为美的审美观。它是我国现存最古老的一块巨形立石，也是我国立石的鼻祖。

另，秦汉以来，随着经济日趋繁荣，造园业也得到很大发展。帝王贵胄久居城里因不能置身岩下享受大自然，便纷纷在苑中堆山叠石，再现自然景观。《史记·秦始皇本记》记载：秦始皇"三十五年……先作前殿阿房，东西五百步，南北五十丈，上可坐万

泰山无字碑

人……周驰阁道，自殿下直抵南山。表南山之巅以为阙"，并"立石东海上朐界中，以为秦东门。"在咸阳作长池，引来渭水，池中堆蓬莱山，以求神仙降临，同时用天然奇石装饰宫殿和庭堂，愿以石为伴，得天然之乐。汉武帝则在长安章宫内挖太液池，池中作蓬莱三山。这种堆石造景来象征海上仙山，祈求神仙降临的观念，遂成为历代相传成习的一种追求；进而又演化为园林艺术的一种模式。

又史载，汉留侯张良，在济北谷城山下发现一块黄石，十分珍爱。他生前虔诚地供奉它，死后连同黄石一起下葬。其后人节令祭扫，不仅祭张良，也祭黄石。人们认为张良供奉黄石是开了供石之先河。

此外，相传张骞在天河畔发现一块怪石，便拣了回来，让东方朔欣赏。东方朔十分聪慧，幽默地对张骞说，这不是天上织女的支机石吗？怎么会被你拣到？将怪石视为天上仙女之物，致其身价倍增，成为珍品。

总之，从以上的有关记述可以得出结论，秦汉时期的中国赏石文化已进入了发展时期。

魏晋南北朝时期

魏晋时代是我国历史上政局动荡、吏治黑暗的一段时期。以"竹林七贤"为代表人物，被称为"魏晋风流"。他们反对礼教的束缚，崇尚老庄，寻求个性，为发泄对于世事的不满情绪，以达自我解脱，便试图远离尘世，去山林中寻

求自然的慰藉，寻找清音、知音，陶醉于自然之中，或肆意遨游，或退隐田园，寄情山水。这一切为赏石文化的转变打下了理论基础。东晋诗人陶渊明是其中最典型的代表。他一生深受老庄思想影响，"静念园林好，人间良可辞"。在退隐山林后，每当喝醉了酒，便在自家后院中的一块山石上酣睡。日子一长，他深深地喜爱上此石，遂给它取名"醉石"；并作诗咏道："万仞峰前一水傍，晨光翠色助清凉，谁知片石多情甚，曾送渊明入醉乡"。有人说，这是有史记载以来，最早被文人雅士命名的一块奇石，所以后世人们尊陶渊明为赏石界的鼻祖（应该说此说并不确切，前面我们已经提到，秦李斯曾命名泰山发现的酷似女人的怪石为"泰山姥姥"；西汉东方朔曾将张骞拾得的怪石命名为"织女的支机石"）。

同样，在这种思想的影响下，以描绘、讴歌、欣赏自然山水为时尚的文学、艺术、园林、赏石等各种艺术形式也都有了新的发展和转变。诗人、画家进入自然之中，将形形色色的自然景观作为审视对象，孕育形成了独立的山水画。他们陶醉于自然山水欣赏，体悟形而上学的山水之道。东晋画家顾恺之主张作画不重形似而重神似，"以形写神"、"以形媚道"。稍后，另一画家宗炳，在公元440年所著的《画山水序》里更提出："山水以形为道"和"以形写形，以色貌色"的主张，强调写意、绘形，借物以言志，状物以抒情。他们这种以形写神、追求神似的思想，显然是山水审美观念的一种重要的转变，也为后世的赏石观奠定了理论基础。

这一时期也是我国园林史上的一个重要转折时期。它一改秦汉以皇家园林为主的状态，各地的私家园林逐渐有了很大的发展；并进一步继承和发扬了汉武帝"一池三山"的形式，在庭园中罗列山峦、峰石，挖掘池沼，企求以浓缩山水来再现自然，并力图突破有限的范围，走向无限的空间，从而开创了以山水为主体的自然山水园林的新形式。园林建造的兴旺，必然地导致了对奇石怪岩的追求，于是玩石之风也跟着兴盛起来。

玩石之风的兴盛，使赏石艺术从园林中逐渐分离出来，成为独立的艺术门类。孔盛《魏春秋》记："黄初九年，文帝（魏文帝曹丕）愈崇宫殿，雕饰观阁，取白石英及紫石英、五色大石于太行谷城山"，可见曹丕喜好用奇石来装饰宫殿。东晋顾辟疆在自己苑中收罗怪石奇峰。南梁建康同泰寺（今南京鸡鸣寺）前陈列3块高达丈余的丑石，被赐封为三品，俗称"三品石"。此外，梁武帝的宫苑中还有一块被叫作"奇礓石"的山石，据说是梁武帝与大臣到溉下棋赢来的，所以又叫"到公石"。千年以后，此石辗转落入清代诗人袁枚之手，被迎置于金陵随园中，成为随园二十四景之一。袁枚还作诗咏赞此石："到公有奇石，曾向华林补。千年幽人得,风月一齐古。当作石交看,摩挲日三五。"这一把石作为下棋输赢筹码的案例,及它辗转流传千年的经历,清楚地表明了人们对奇石的爱好和追求。

奇石、怪岩不仅被用于装饰园林,也被用于制作盆景。如在北齐武平四年(573年)的画像石刻墓中,就有一幅画描绘了主人与罗马商人进行贸易商谈时互赠礼品的场面,在罗马商人的身旁,站立着一个主人的随从,此人双手托一浅盆,盆中放置一件高19厘米、下宽16厘米的青州怪石。该青州怪石山峰兀起,群峰耸立,层峦叠嶂,沟壑纵横,玲珑奇秀,具有瘦、漏、皱、透、秀的特色。它不仅证明早在1 500年前,我国古人已有制作盆景的历史,也证明人们在对奇石的欣赏观念上有了新的飞跃,也即已把奇石的欣赏从园林布景,推广到用于厅堂、居室的点缀和摆设。

奇石盆景

在赏石、玩石之际,人们也自然会对一些奇石的性能进行一番探索。如东晋画家顾恺之就曾在《启蒙记》中,对石燕化石描绘得栩栩如生:"零陵郡有石燕,得风雨则飞如真燕"。北魏时代地理学家郦道元在《水经注》中描写得更为形象:"其山有石蚶,而状燕,因以名山。其石或大或小,若母子焉。及其雷风相薄,则石燕群飞,颉颃如真燕矣!"当然,这种认为石燕会飞的观点是错误的。所以,稍后隋唐时期的一个医生李勣在《新修本草》中就指出这是错误的。

石燕化石

综上所述,魏晋南北朝时期,人们的赏石活动已涉及多个方面,发展到较成熟的阶段。

隋唐时期

隋唐时期,中国封建社会进入了兴盛发达时期,经济繁荣,国家富强,科学、文化、艺术等都有很大发展,整个社会安定、充满活力;在意识形态方面,思想活跃,百家争鸣,儒、道、佛三教并举,这就为自然山水品赏创造了良好的物质基础和文化条件,收藏、赏玩奇石更是蔚然成风。人们觅石、品石、藏石,并不惜重金购石。据《李商隐集》载:荥阳望族郑瑶外任象江太守三年,所得官俸六十万钱用于购买象江奇石之用。另外,一些具有艺术家气质的文人雅士及官宦的参与,提高了赏石的艺术品位。他们刻意追求自然意境,纷纷将奇石引入民间,引进书房客厅,闲时面对奇石,流连不已,并由此勃发诗兴,写下了众多至今仍脍炙人口的赏石诗文。

在中国奇石史上,民间收藏奇石的先驱,要数诗圣杜甫。据《素园石谱》记载,杜甫曾收得一方奇峰突兀、意境幽远的奇石,供于草堂,经常与乡亲们共赏。大诗人为其取名"小祝融"。"祝融"乃南岳衡山五峰中最为高峻之一峰。可见他对此石喜爱之深。比杜甫稍晚的李勉(代宗时任滑毫节度使),收有二方名石,一为"罗浮山石",一为"海门山石"。著名诗人张祜当时以收藏太湖石著名。他死后,所藏名石风流云散。自号"天随子"的"江湖散人"陆龟蒙还为之哭道:"一林石笋散豪家",感叹不已。

一代女皇武则天,不仅精于权术,也十分喜欢赏石艺术,在洛水得一瑞石,封号为"宝图",并虔诚地供于殿堂之上。

唐代最有名的藏石家当首推唐武宗时的宰相李德裕。他在东都洛阳城郊筑有平泉庄,藏奇石数千,"奇石林立左右",而且大多有品题,如礼星石、狮子石、华岳掌、仙人迹等。有趣的是,在政治上与李德裕势不两立的宰相牛僧孺也酷爱奇石，并以收罗太湖石之富而自豪。其府第归仁里和南郊别墅中藏石极富，并且每每"与石为伍"，"待石如宾友，亲之如贤哲，重之如宝玉，爱之如儿孙"。他把太湖石按大小分为甲乙丙丁四类，每类又评出上、中、下三等，各刻于石阴。这种分级的方法，开中国赏石分级品赏之先河，并一直为后世所沿用。

白居易对奇石，尤其是太湖石的爱好，可说是到了有些痴迷的程度。他一生写过许多有关赏石的诗文。在他著名的赏石散文《太湖石记》中，赞道"石有族聚，太湖为甲"；又云："撮要而言，则三山五岳，百洞千壑，觑缕簇缩，尽在其中；百仞一拳，千里一瞬，坐而得之。此其所以为公适意之用也"。提出奇石是一种缩景艺术，悠游其间可达适意之景。他又作《太湖石》曰："烟翠三秋色，波涛万古痕；削成青玉片，截断碧云根。风气通岩穴，苔文护洞门；三峰具体小，应是华山孙。"在《双石》诗中则颂道："万古遗水滨，一朝入吾手。担舁来郡内，洗涮去泥垢。孔里烟痕深，罅青苔色厚。老蛟蟠作足，古剑插为首。忽疑天上落，不似人间有……"也是在这首诗中，他又写道："苍然两片石，厥状怪且丑。俗用无所堪，时人嫌不取。"明确提出怪与丑的赏石标准，指出这些在世俗的人眼里是弃之不取的丑石，在赏石家看来却是如获至宝。因此人们认为白居易实际上可以称为我国赏石理论的开创者。

唐代的其他著名诗人也多是奇石的爱好者，如李白性好山水，遍游名山奇峰，以其丰富的想象力和浪漫主义色彩，写下众多华丽的篇章。其中有一篇《咏牛》，生动形象地歌咏了一块位于四川彰明县（今并入江油县）石牛沟的状如牛的奇石："怪石巍巍巧似牛，山中高卧数千秋。风吹遍体无毛动，雨打浑身有汗流。芳草齐眉难入口，牧童扳角不回头。自来鼻上无绳索，天地为栏夜不收。"

另一诗人、画家王维，一生热爱自然山水，不仅创造了优美的山水诗，也创作了许多别具一格的山水画。他的诗画状物抒情，情景交融，体物精细，传真入神，被誉为"诗中有画，画中有诗"。他还亲自动手制作盆景，"以黄瓷斗贮兰蕙，养以奇石，累年弥盛"，对中国山水盆景的创作、观赏石的品赏，产生很大的影响，被称作"无声的诗，立体的画"，不仅具有外在的形体、质地、纹理之美，而且具有很深的底蕴。

以诗词闻名后世的五代南唐国主李煜也是奇石爱好者，收藏有"宝晋齐砚山"石和"海岳庵砚山"石。

总之，隋唐时期是赏石文化的兴盛时期，众多文人、士子的加入，为赏石观念和理论的建立奠定了十分良好的基础。

宋元时期

到了宋代，奇石的收藏、赏玩进入了全盛时期。《水浒传》中提到的"花石纲"，便是由于徽宗赵佶酷爱各种奇石，企求"积石筑山"，下令搜集民间花石，来大搞宫苑中的"寿山艮岳"。据说这个寿山艮岳方圆十余里，主峰高90步，园中不仅遍植各种奇花异木，也点缀着众多来自各方的奇石。其中有一块最大的峰石，高有13米多，运输时装在一艘巨船上，用了数千纤夫才得以拉动，经过许多州县时，由于太高，不得不拆掉城门和桥洞，才得通过。这块峰石上有千百个洞穴，巧妙无比。徽宗爱之甚切，于是赐名"神运昭功敷庆万年之峰"，并封其为"盘固侯"。此外，据史载艮岳中共有65块峰石都是有品题命名的。

江南三大名石之一"玉玲珑"

现存于上海豫园玉华堂前的草坪上，高约4米，俏丽精致，玲珑剔透，其迎风玉立之势，与元代铁狮、清代紫藤、明代银杏合称为"豫园四古"。

据说此石原来是隋唐遗物，宋徽宗想得到这块玉玲珑，遂把它编入"花石纲"，不料此石在运送东京城途中丢失。千百年来，玉玲珑几易其主，历尽风雨沧桑，最终在上海豫园定居下来，成为沪上一大景观。

此石上有72个孔穴，自上浇水，洞洞流滴；自下烧烟，穴穴冒气，实乃鬼斧神工的天然之作。

宋代不仅皇帝爱石,文人学士对奇石的爱好、玩赏也相当普遍。如著名的文人欧阳修、黄庭坚、文同、叶梦得、范成大等都是爱石成癖者。其中最值得传颂的是,出现了苏轼、米芾这两个中国赏石史上最富有传奇色彩的大艺术家。苏轼号称"东坡居士",赏石、玩石的胸襟就和他的性情一样豁达磊落,举凡山水石景、抽象石、纹理石、色彩石等,都随性所至,随兴所玩,并没有什么拘束。元丰三年(1080年)他被贬湖北黄州,发现"齐安江上往往得美石","温润如玉,红黄白色,其文如人指上螺,精明可爱",即便会画画的人着意绘之也不能及,在江边嬉戏的孩子们常可摸到。东坡想了个好主意,用糖饼和小孩交

苏东坡遗存的"雪浪石"。传说苏东坡在(今河北定州市)中山府官邸后圃挖得此石,以其灰黑色上的白色水波花纹呈现的飞涛走雪之势,取名"雪浪石"。

易。这样,他先后得二百八十九枚,"大者经寸,小者如枣菱芡"。他还特意用古铜盆注水供养,时常赏玩,怡然自得。不久,东坡好友佛印禅师遣使来看望他,东坡遂将这些小石作为珍贵礼品馈赠给和尚,还专门作了一篇有名的《怪石供》,以记始末。在山东蓬莱,他觅得数百枚登州(今山东长岛)石,便将石与菖蒲一起养在水盂中,送给家中的长辈,并赋诗曰:"我持此石归,袖中有东海。垂慈老人眼,俯仰了大块。置之盆盎中,日与山海对。"在扬州时,他获得两块奇石,一白一绿,白色"正白可鉴",绿色"冈峦迤逦"。双石石质细腻,纹理清晰,色彩晶亮,甚为美观。绿色的一块尤美,于是他吟诗挥毫:"但见玉峰横太白,便从鸟道绝峨眉",十分喜爱,自夸其为"稀世之宝"。他想起甘肃的仇池山四面陡绝,山上却可引泉灌田,十分奇特,遂将此石题名为"仇池石"。后来在他的诗中仍有"梦中仇池千仞岩"的绝句,足见他对奇石怀情之深。苏东坡还藏有雪浪石、小有洞天石、沉香石、石芝等石。他那雪浪石黑石白雪白脉,犹如名画家孙知微所作水涧奔涌图,他十分喜爱,题铭曰:"画水之亦蜀两孙,与不传者归九原,异哉驳石雪浪翻,石中乃有此理存;玉井芙蓉丈八盆,伏流飞雪潄其根"。他还把自己的书房题名为"雪浪斋"。他的藏石,石种不一,形态各异,并首创了以水供养纹理彩石的方法,还多次提出以盘供石,即山水景石不可随

意放置。他还就奇石鉴赏发表了独特的见解，曰"石文而丑，一丑字则石之千态万状皆从此出。丑而雄，丑而秀也。"此论丰富和发展了奇石鉴赏理论，成为我国鉴赏奇石原理之一，为后人津津乐道。由于他一生爱石，作画时也每每好作怪石绘。现仍有《寒石帖》、《竹石图》和《枯木怪石图》等藏于北京故宫博物院。

宋代米芾的藏石、赏石、论石，更是造诣颇深，至今仍被人们传为佳话。他是北宋著名的书画家，其书法圆韧遒劲，气势飞动，与蔡襄、苏轼、黄庭坚合称北宋"四大书法（画）家"。他的画作，以不趋时尚、变古创新而擅名，深受后世推崇。米芾好蓄奇石，在赏石中常能获得书画创作的灵感；同时又将自己的书画创作理论运用于品石，提出了"皱、瘦、透、漏"四原则，以至当今赏石界仍将此四字奉为品太湖石（园林石）高下等第的圭臬。米芾在安徽就任无为州监军时，初入官司署，便见署衙庭院中立一块大石，"状奇丑"，米芾如遇仙一般，非常惊讶，深为此石神奇的造型所震撼，立命仆从更衣长袍，整理帽冠，对着奇石下拜。另，宋人费衮在《梁溪漫志·卷六》中，还记有米芾另一件拜石之事："米元章守濡须，闻有怪石在河，莫知其所自来，人以为异而不敢取，公命移至州治，为燕游之玩。石至而惊，遽命设席，拜于庭下曰：吾欲见石兄二十年矣。"这就是历史上有名的"米癫拜石"的故事。他在江苏涟水为官时，因为当地毗邻盛产美石的安徽灵璧县，便常去搜集上乘奇石，回来后终日把玩闭门不出。他的衣袖中总是藏着奇石，随时随地拿出来观赏，美其名曰为"握游"。米芾的上司杨次公（字杰）听说他在署衙嗜石成癖，深恐他弄石废事，就去正言相劝。米芾见上司到来，便从袖中取出一石，此石"嵌空玲珑，峰峦洞空皆具，色极清润"，他对上司说，"如此石，安得不爱？"岂料杨次公看都不看。米芾只得纳回袖中，又取出一石，乃"叠嶂层峦，奇巧更胜"，杨次公仍不顾。米芾无奈，悻悻然又摸出一石，那是"尽天画神镂之巧"的神品。他好似受了委屈般道："如此石，安得不爱？"杨次公此时像是被惊醒一般，大声道："非独公爱，我亦爱也！"顺势将石从米芾手中攫得，头也不回，登车而去。有一次，他得到一块端石砚山，爱不释手，竟

"米芾拜石"

接连三天抱着石头入睡。他一生蓄藏了无数怪石名砚，其中最有名的便是南唐李后主遗物"灵璧石砚山"。还有一块名为"宝晋斋砚山"，虽径长刚过尺（1/3米），却耸峙了36峰，是极为罕见的奇石。后来他用这块奇石与画家薛绍彭交换古画，事后他万分懊悔："砚山不复见，哦诗徒叹息。唯有玉蟾蜍，向予频泪滴。"他还用另一块叫"苍雪堂砚山"的奇石从同好那里换得润州（今镇江）北固山甘露寺的一块风水宝地，筑成海岳庵。这不仅留下了以石换地的佳话，也雄辩地证明，在那时候人们对奇石的看重。

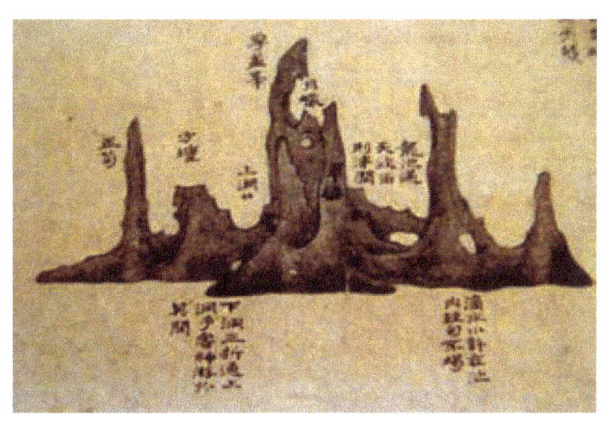

"宝晋斋砚山"

宋代的著名文人，除了苏轼、米芾外，痴迷奇石者还有很多，如范成大、叶梦得、陆游等都是当时的藏石名家。号称"云林居士"的杜绾（字季杨），是宰相杜衍之孙。他既是当时的奇石收藏家，又是奇石鉴赏家，对奇石理论大有研究创新。他撰写的品石专著《云林石谱》，后来被收入《四库全书》，其中汇载的石品有116种，对每种奇石都开具了出产地址、采集方法，还介绍了它们的形状、色泽，品赏了它们的等第高下，是一部象征宋代赏石文化全面发展的带有总结性质的奇石专著，也是历代赏石界享有很高声誉的一大名著。尤为可贵的是，《石谱》中还对鱼类化石和植物化石的成因作了介绍，其见解至今仍闪烁着科学的光辉。这里还要特别提到的是北宋时期的科学家沈括，他虽然不是奇石收藏的名家，但却曾对一些矿石、化石和陨石作过很好的研究和叙述。如他曾描述了今天被我们称为水胆的"滴翠珠"；在路过太行山，看到崖壁上的螺蚌壳后，便正确指出，这里曾是远古的海滨，他的这一见解比西方早了400多年。他还对磁石做过研究，发现磁偏角的存在。诸如此类的研究还有一些。这种从理性的角度对顽石所作的研究，在他那个时代可说是绝无仅有的。遗憾的是他的这种赏石心态，没能融入当时的主流文化中。

元代秉承了宋人雅好奇石之遗风，也以藏石赏石为时尚，其中最具代表性的是赵孟頫，在书法、山水人物画及诗文上均有极高的造诣。其妻管道升，是一个极有艺术气质的才女。他们夫妇俩在创作之余，往往摩挲把玩供于几案上的奇石,吟哦不已。据《云烟过眼录》记载,赵府藏有灵璧石"香山"一座,底座上镌有"云根"二字;还有两方名石,一曰"垂云",一曰"沁雪",都极为古朴典雅、端庄秀丽。赵孟𫖯曾为家藏的另一名石"太秀华丽"题铭:"片如何状,天然自若……示我以补,我思古人,真风眇貌。"元代另一著名藏石家张雨,博学多艺,也是著名书画家,还善赋曲,著《名曲外史》三卷。他生平最慕米芾为人,以蓄石为乐。他的一方"玉恩堂研山"石,"峰峦起伏,岩壑晦明,窈窕窊隆,盘屈秀微",后为明代《素园石谱》作者林有麟祖上所得,传至有麟,更为珍视,题铭曰:"奇云润壁,是石非石,蓄自我祖,宝兹世泽"。此外,元代另一些著名文人,如鲜于枢、高启、钱维善等也都是爱石、藏石的名家。

有意思的是,这种爱石、藏石的风气也深深地影响来华留学的日本人。如别源圆旨曾留学元朝学佛11年,回国后任京都建仁寺住持,著诗文《东归集》咏盆石12韵,并由笠仙梵仙(元朝归化僧)次韵,谓为盆石24韵。还有中严圆月,也是留学元朝8年的佛教高僧,是上野吉祥寺的开山祖,为谢佛门弟子正仲之赠石,曾题《谢盆石诗并序》。这种爱好也传至宫廷,日本实施建武新政的名帝后醍醐天皇,酷好产自中国的奇石"梦之浮桥",在战乱中都从不离身,此石后来流传至德川家康,现藏于德川美术馆。

明清时期

明清时代,奇石文化又有了极大的发展,人们对奇石的爱好已形成为潮流,一些文人雅士更是把庭院厅堂中有无用奇石作为摆设,视为区分雅俗的一大标志。明清时代的另一特征是,一些文人雅士还热衷于从不同的角度对奇石的收藏、品种、产地进行记录和评述。据有关方面的统计,已知流传至今的奇石专著就有十多种。其中,最有代表性的是明代林有麟的《素园石谱》、文震亨的《长物志》中的有关章节、清代宋荦的《怪石赞》和沈心的《怪石录》等。

林有麟,曾任龙安知府。林家本是藏石世家,到有麟这一代已积有不少名石。为此,林有麟专辟玄池馆礼石,并将各种奇石加以品铭、题咏。他还很喜欢收藏色彩美丽、图案丰富的"六百合(即雨花石)"等卵石,并一一品赏,惠以嘉名。他收藏有奇石"青莲舫",并用其名作为他的斋名。他所编写的《素园石谱》,可说是我国最早的一本图文并茂的石谱。该书共分4卷,描摹了从南唐开始见诸史籍图谱的一百多种名石奇峰,还收录了许多有关奇石的诗文。不少历史上较为有名的奇石,如米芾的"宝晋斋砚山"、苏东坡的"雪浪石"、宋徽宗的艮岳"宣和六十五石"等都能在书中找到。

明代另一位最有名的藏石家当数米万钟。他乃米芾后裔,是万历年间进士,官至江西按察使。因爱石如亲友，故自称"石隐"号"友石"。吴长允在《坦宸识余》中介绍："米氏万钟嗜石成癖，宦游四方，惟石而已。"万历年间他曾任南京六合知县，为当地所产的纹彩斑斓的雨花石所吸引，便广为收集，并将它们置于名贵的瓷盆之中，选用唐诗宋词中的名句予于品题，如"桃花流水杳然去"，"雨中春树万人家"等。这种援引古典诗文品题雨花石的做法，广为后世所效仿。此外，在他的藏石中还有灵璧石、英石、仇池石等，无不奇巧殊绝，各具形胜。最可称道的是这些奇石多为古物，有的已流传数百年之久，无比珍贵。有一方青石，状若飞云欲坠，石后刻有"泗滨浮玉"四个篆字，旁有"允符元年二月丙申米沛题"十余小字。又有一方灵璧石，石肤起皱，凝练厚重，有峰有台，气象万千，此乃元代大名士杜本的遗宝。米万钟对这些名贵奇石钟爱有加，特请一名画家吴文仲将这些奇石绘一长卷，卷尾还请大士董其昌写了一篇

"锁云"(20.5厘米×25厘米×7.5厘米)

"跋"。他的藏石之一"锁云"流传至今，现藏于上海锁云居。由于他爱石如痴如醉，以致流传有他为爱石而几乎败家的故事。世传他在京城西郊发现了一块巨大的房山石（也称北太湖石），长8米，高4米，宽2米，形似一朵巨大的灵芝，且质地细润，击之其声清越。米万钟十分喜爱，想把它移置到刚整修好的自家庭院中。于是他雇了上百民工和40辆马车，将此石拖运出山，并整整花了12天才将其运至良乡道上。民夫们都筋疲力尽，不愿前行，而米万钟也已囊中羞涩，无法再雇佣其他民工，只好将其弃置于田间道旁。据说从此米家走向败落，故此石被后人戏称为"败家石"。一直到清乾隆年间，此石才被运到今颐和园内，并取名为"青芝岫"。米万钟既是奇石收藏家，也是一位书画家，在明代书画界有"南董（董其昌）北米（米万钟）"之称。至今在日本大阪市立美术馆收藏的中国书画珍品中还有米万钟的山水画长卷，画功极其神妙，气韵极为生动。

　　明代地理学家徐霞客对奇石也情有独钟。他曾亲至云南大理，盛赞大理石之异。他看见大理石上天然风景图画美丽可爱，说道："从此丹青一家皆为俗笔，而画苑可废矣。"之后，大理石就藉着《徐霞客游记》而名声远播，随之大量开采远销海内外。

现存于颐和园内乐寿堂前的"青芝岫"

青芝岫底座镌海浪，石形如船，寓意顺水行舟，一帆风顺。东端下部镌"玉英"，西端下部镌"莲秀"，南面上部镌"青芝岫"，皆乾隆题。因年久日长，"青"字已风化剥落。北面中下部有大臣汪由敦等人题诗。石上洞穴中一年四季有一两棵花草树木，应了乾隆诗中"窍中生树共把强"。

明代曾任兵部尚书的王象乾，一生酷爱赏石，不惜花费巨资四处购置奇石，终将元代散曲家张养浩的"苍云"、"振玉"二奇石购得，运到新城（今恒台）的司马园内。"苍云"石为张养浩的"十友"之首，石高5米，瘦、透、漏、皱俱佳，挺拔秀丽，极

竖立于王渔洋纪念馆中的"苍云"（右）和"振玉"（左）

具观赏价值，形状之奇、造型之美，实数国内罕见。"振玉"石又称"玉如意"，也是极富观赏价值的巨石。它高5米，宽1.6米，厚1.5米，形似灵芝，相传"振玉"二字为唐代李白所书。此两石历经沧桑，现移于山东淄博恒台县王渔洋（王象乾的族孙）纪念馆内，供游人观赏。

延至清代，藏石赏石之风更盛。乾隆皇帝可算作著名的爱石之人，他对奇石、园林等自然美的东西十分崇尚。他曾在"九龙戏珠歙砚"上，亲笔题写了"国宝"二字，还将倪瓒设计的苏州"狮子林图"景观蓝本，照搬在北京故宫、圆明园、避暑山庄等地建造。现在保留在故宫御花园的"堆秀山"、"狮子林"应是当时采用太湖石所建。御花园里设有天然石十二属相，采用木化石、生物化石、钟乳石、英石、太湖石、鹅卵石等奇石创制的人物、动物、鸟兽等形象，似像非像，具有美不胜收的自然天趣。尤其是那件由天然图纹构成的"拜北斗七星"石更是引人入胜。此外，乾隆还为众多奇石品题、命名。至今仍保存在故宫御花园和中南海里的许多奇峰怪石，大多留有他题写的诗句。人称他是留有咏赞奇石诗词文章数量最多的皇帝。现保留在中山公园、恭王府等地由他命名的"绘月"、"搴芝"、"青莲朵"、"青云片"和"青芝岫"等奇石，至今仍在供人们观赏。其中"青莲朵"是他六下江南时，在杭州南宋德寿宫旧址发现的宋高宗时的遗物。该石高约1.7米，径约3.3米，色泽白润，纵横包络，百孔玲珑。他非常喜爱，决意运往京城，几经辗转，终于在1752年运至北京，便御笔亲题"青莲朵"三字于石上。该石后被安置在圆明园中。圆明园遭英法联军洗劫后，此石没有损毁，后于20世纪20年代移至今北京中山公园内供人们观赏。

清代不但文人雅士爱石，将军武夫癖石者也不在少数。满族将军成性奉诏入蜀，沿途还不忘捡采奇石。士卒们受其感染也纷纷加入采石行列。可惜蜀道

艰险，藏于小舟之石大多沉入水中，成性不胜惋惜，特作《选石》一篇以作纪念。清末任四川总督的赵尔丰，对奇石一往情深，每获一石必细心观赏研究，通宵达旦而不倦。《灵石记》就记载了他的藏石研究心得，很有教益。他赏石悟性，将奇石人格化，发现奇石也有灵气，也有个性，领悟到奇石的人性美、品德美、风格美，崇其骨气，赞其高尚，学其美德。

用太湖石堆垒的"堆秀山"

赵尔丰说："石体坚贞，不以柔美悦人，孤高介节，君子也，吾将以为师。石性沉静，不随波逐流，然叩之温润纯粹，良士也，吾乐与为友。"他把石头的品性当作自己的楷模，并愿与其进行情感和心灵上的交流与沟通，与之为师为友，使赏石的意念达到了至高的境界，此可谓赏石之真谛。

清代的爱石者中，最值得一提的是曹雪芹和蒲松龄。这两位伟大的文学家的人生道路都极为坎坷，他们都在奇石上寄托了无限的情思。曹雪芹的《红楼梦》一书，原名《石头记》，写的就是大荒山无稽崖青埂峰下有一方顽石，乃女娲补天时所遗，后经一僧一道点化成美玉，坠落世中，它跟随着宝玉出生，亲自经历了一段故事。传说这方顽石，是曹雪芹在北京香山脚下住所不远的樱桃沟里的一个形如元宝的巨石，被人称作"元宝石"。曹雪芹常常来到这一顽石前欣赏。他在品赏这块顽石时触发了灵感，激发了创作激情，才决心撰写《石头记》。书中主人翁的名字定作"贾宝玉"，实意为假宝玉，就是从对这一元宝石的遐思与联想出来的。他从对这石头的描写，开始了长篇名著《石头记》的写作。书中有不少关于"玲珑山石的描写"，说明曹雪芹对奇石非常热爱和熟悉。他不仅写石，还爱画石，他的好友敦敏有一首《题芹圃画石》诗："傲骨如君世已奇，嶙峋更见此支离；醉余奋扫如椽笔，写出胸中魂磊时！"由此可见曹雪芹的胸襟和画石风格。

蒲松龄的人生境界虽不似曹雪芹般大起大落，却也是终身郁郁不得志。人说《聊斋志异》寄托了他的"孤愤"，在奇石身上又何尝不是如此。他的名篇《石清墟》就表达了人与石头的奇情。此文写顺天人邢云飞"好石，见佳不惜重直"。一次他在河中获一奇石，"四面玲珑，峰峦叠秀"，喜极，如获异珍，可是却屡屡为豪强达官所夺走，邢云飞矢志不移，终于觅石归家。蒲松龄为此叹道："想要以身殉石，真是痴迷到了极点了！而石竟能与人相始终，谁又

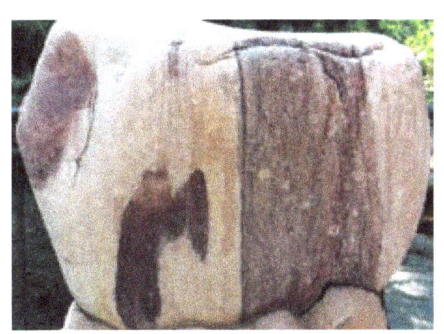
"拜北斗七星"石

现存于北京中山公园内的"青莲朵"
（高210厘米）

能说石头无情呢？"蒲松龄爱石，还体现在一部《石谱》中，其中记载了九十多种奇石的产地、形状、色泽、用途等，并对各种奇石作了分类说明，至今仍很有参考价值。

清代扬州八怪之一的郑板桥，是一位胸襟不凡的才子文人。他藏石、画石还论石，完善了宋人的赏石观。他认为："米元章论石，曰瘦、曰皱、曰漏、曰透，可谓尽石之妙。东坡又言石文而丑，一丑字则石之千态万状皆从此出。彼元章但知好之为好，而不知漏劣中有至好也。东坡胸次，其造化之炉冶乎。"他更进一步地表示：石丑，当"丑而雄，丑而秀"，方臻佳品，怪石以丑为美，丑到极处便是美到极处。如何是"丑"呢？他说，"一块元气结而成石"的怪石，看似凹凸不平，蛮横险怪，绝难以寻常审美观观之，却是"陋劣之中有至妙也"，耐人寻味，百看不厌。这就是所谓"丑石观"的真谛。

清代画家石涛，不仅喜爱奇石，而且是一位出众的叠石能手，他在扬州用太湖石亲手叠成一个章法奇好的"万石园"，为扬州建立天然石艺景观，留芳后世。

清代诗人赵执信亦酷爱奇石。他的《西城别墅十三咏》中《小华子岗》、《小善卷》、《石文》等都是咏石名篇。他的故居内尚存的几块太湖石，都是其生前心爱之物。

4．近代和当代的藏石热潮和赏石观念的提升

辛亥革命的浪潮，结束了我国几千年来的皇权统治，但藏石、赏石作为一种源远流长的文化传统并未因此而受到任何影响，相反地随着近现代新闻媒体的发展，文化交流的扩大，经济条件的改善，使我国的赏石文化有了新的更大的发展，不仅出现了普及化的趋势，在赏石的观念上也有了新的提升，并涌现

出越来越多的藏石、赏石名家。

民国时期,最著名的藏石、赏石名家有所谓的"南许北张天津王"。"南许"指上海的许问石,"北张"指天津的张轮远,"天津王"则是王猩酋,他们都以收藏雨花石和大理石而闻名全国。王猩酋著有《雨花石子记》,主张以"地、质、形、色、纹定名、玩赏、品级、交易"为标准来评判雨花石,是完全把雨花石当作艺术品及艺术商品的审美对象来欣赏的。他还把石分为三等九品:上等——灵品、奇品、隽品;中等——幽品、精品、纯品;下等——别品、常品、庸品。在收藏雨花石的过程中,他还突发灵感,匠心独运,首创用雨花石拼贴、镶嵌成画屏和对联;并曾亲手制作了四扇画屏和一副对联,赠与有"北张"之称的张轮远。这四扇画屏取四季美景:春系花与蝶;夏系莲、荷、叶、菖与蜻蜓;秋系果枝与鸲鹆;冬系枯枝与苍鹰。四扇画屏格调高雅,艺术品位甚高。对联为集句,上联"春秋多佳日",下联"山水有清音"。上联取自陶渊明《移居》中的"春秋多佳日,登高赋新诗";下联摘取左思《招隐》中的"非必丝与竹,山水有清音"。对联对仗工整,一气呵成,为集句中之上乘,再以雨花石子镶嵌成屏、联,更是流光溢彩,巧夺天工。只可惜此四扇画屏及对联皆毁于文革,仅遗留一张旧照。

许问石则提出赏石的"四字秘诀":曰色、曰形、曰纹、曰逸。他对"逸"字的解释是贵在不可思议。

张轮远早年就读于天津南开中学,与周恩来同窗。因受王猩酋的影响,对雨花石产生极为浓厚的兴趣,遂嗜石成癖。他的居所号称"万石斋",所收藏的雨花石虽然没有万石之多,但经他过眼的雨花石确也不下十万,常不惜重金购买喜爱的雨花石,还多次亲至南京等地搜求。在他所著的《万石斋藏石锁记》中曾记载了他与王猩酋多年的友谊及痴迷雨花石的经过。张轮远的学识水平和鉴赏境界,体现在他对雨花石的研究上。在收藏的精品中,他选择出60余枚,画图作谱,辑成《万石斋藏石子小传》,再加上《万石斋藏石锁记》,撰写出具有深远影响的研究雨花石的专著《万石斋灵岩大理石谱》。这一专著不仅填补了研究、鉴赏雨花石、大理石的空白,而且还首次提出以中国文化为本位、融合西方科学方法进行研究的系统方法论。他考订详尽,叙述有致,尤其将雨花石所具有的优点列为二十四品,词语极为雅致,至今仍可作品评雨花石、大理石的参考,在海内外颇有影响。

人们还认为,在他们之前,历代文人赏石多从观念出发,也即欣赏的是"观念石"。如清代郑板桥在苏东坡"石文而丑"之后,又提出"丑而雄,丑而秀"的观点。这种以奇石之丑为美,丑到极处便是美到极处的丑石观,便是以观念

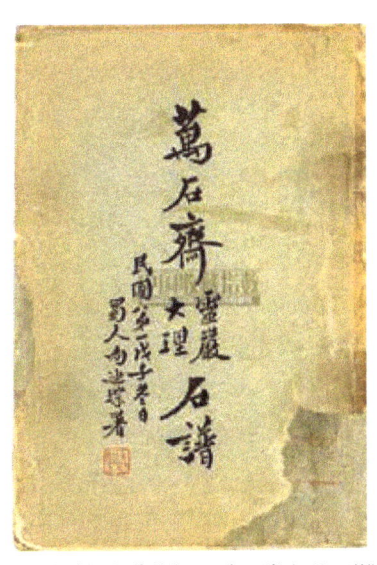

张轮远所著的《万石斋灵岩大理石谱》

绚丽的雨花石

来赏石的理念之延续,是郑板桥精辟诠释并终结古代"观念石"赏石理念的结晶。郑板桥心目中的"丑石"可能还是隐喻失落的文人,隐喻文人之处境是"丑"态的,但情感精神是雄浑的,文笔画笔是秀美的,故要"丑而雄,丑而秀",有借石引发人生感慨的含义。所以古代赏石主要是观念性的,是属于观念赏石,属于观念石文化。而"南许北张天津王"则开创了近代赏石以审美、审纯粹之美为风气的赏石理论先河。他们把奇石作为"艺术品"来欣赏的"艺术审美观",与古代士大夫把奇石当作"非艺术品"来审美的"观念审美观"有明显的差异。

除"南许北张天津王"外,民国以来的藏石名家更是不胜列举,但著名民主人士沈钧儒的藏石爱好常被人们津津乐道。沈钧儒可说是近现代最为执着的石迷之一。与许多藏石家不同的是,沈钧儒主张藏石不必注重奇石的观赏价值,只要符合"行旅的采拾,朋友的纪念,意志的寄托,地质的研究",均可予以兼收并蓄。所以,他的藏石涉猎甚广,雨花石、灵璧石、矿石、化石、陨石……几乎无所不包,从而深得许多名家的赏识。20世纪40年代初的许多名人,如于右任、郭沫若、冯玉祥、李济深、黄炎培、茅盾、梁寒操等都先后为沈钧儒的爱石题过诗文。抗战期间,国民党元老于右任曾为沈钧儒的书斋"与石居"题额并跋曰:"衡山兄爱石成性,所至选石携陶陈列室中,以为旅行纪念。为题斋额,并缀于词:求石友,伴髯翁,取不伤廉用不穷。会见降旗来眼底,石头城下庆成功!"此外,在为"与石居"题咏的众人中,特别值得提起的是冯玉祥的题词:"南方石、北方石、东方石、西方石,各处之石,咸集于此。都是经过风吹日晒,雪浸雨蚀,可是个个顽强,无亏其质。今得先生与石为友,点头相视,如旧相识;且互相祝告,为求国家之独立自由,我们要硬到底,方能赶走日本强盗。"与沈钧儒同为法学家的史良曾回忆说:"在重庆时,沈老的身后经常有'尾巴'跟随……抗战胜利后,沈老离渝返沪,在离家那一天,'尾巴'照例跟随,他们发现沈老携带的大木箱异乎寻常地沉重,以为其中有黄金珠宝,硬要进行检查,打开一看,想不到尽是些石头。"沈老的书斋"与石居"里,除了书柜,就是石头柜、石头架,就连窗台上也摆满了石头。其中不乏有天上的陨石,地下的化石,各地的名石,仅各种矿石标本就有 200 多枚,真是丰富多彩。他在国内外视察、访问时,所到之处总喜欢采集石头作纪念品。他收藏的石头,对其产地、采集时间、收藏来源等都有详细说明。对有关石头的不明白问题,他一定要查个水落石出。如他有一块长圆形白色且有深浅绿色斑点的石头,是他的一位朋友从前苏联克尔克兹共和国伏龙艺城东南的伊斯库湖边拾来送给他的。就是这块小石头,他反复查找资料进行考证,并在《大唐西域记》中查到了此石产地应是唐朝玄奘法师到过的大清地。他的藏石中,有一批具有深远历史意义的石头和一些珍稀罕见的古生物化石。其中有一块三叶虫化石,是他从北京人民市场买来的,沈钧儒收藏石头与一般雅士不同,他不仅把石头作为欣赏品,而且以石为友,以石为师,作为人生的楷模,意志的寄托,使赏石达到至高的精神境界。他认为,石之为物,秉性坚贞,表里如一。一个人应当具有石头的这些精神和气质。

我国当代,与奇石有缘的政界、艺术界等名人还有很多。新中国成立前,周恩来作为中共代表团团长,驻于南京梅园新村时,与邓颖超就曾到雨花台捡回雨花石养于清泉,日夕观赏。后来郭沫若曾对这些雨花石赞叹道:"宁静、明朗、坚实、无我,似乎象征着主人的精神。"

著名艺术大师和文学巨匠也都喜爱藏石赏石。如张大千是四川人,四川青城有一块名为"梅丘"的石头。张大千客居美国时,在洛杉矶海滩上发现了一块巨石,形似我国台湾省地图,他爱之不忍离去,亦将此石题名为"梅丘"。1975 年他定居台湾后,将寓命名为"摩崖精舍"。舍内陈列着许多珍奇异石,反映了他爱石之心。其友人将洛杉矶"梅丘"运至台湾,置于精舍,令大师喜之不尽。张大千逝世后,即葬于"梅丘"之下。

著名京剧表演艺术家梅兰芳也最爱收集雨花石。1993 年全国名人名家藏石展上,曾展出一组梅大师生前珍爱的雨花石,吸引了众多观众的瞩目。

我国现代著名作家和社会活动家郭沫若也是奇石爱好者。他曾有诗自述说:

"我亦爱石人,爱石之性坚,纵使遭磨砻,以方寓于圆。"在他的故居中就陈列了有几方他所喜欢的石头,造型自然,各显神韵。

著名作家贾平凹被人戏称为"石痴"。他不仅收藏有几千块各类珍奇的奇石,而且还常常兴之所至写下赏石的感受。在他近千万的文字巨著中,涉及石头的文章就有百余篇,其中以《丑石》一文声名最著,多年前已被列入教科书中。其他一些名篇佳作,也都笔致恬美,谴词空灵,记略自如,妙趣横生,真是脍炙人口,百看不厌。那些被他描述的石头也都气象万千,带着大自然的神秘气息,或天然灵秀,或平淡无奇,但透过贾平凹的眼光来看,每一块石头都仿佛具有生命。他表示:"天下姓贾的人都与石头有缘,贾宝玉不是青埂峰上的一顽石吗?"

"梅丘"之下的台北张大千墓

除此之外,如著名画家叶浅予,红学会会长、《红楼梦学刊》主编冯其庸,美学家、雕塑家王朝闻等也都是奇石的爱好者。

应该指出,当代赏石、藏石活动早已摆脱了往日仅为少数文人雅士所赏识的局面,飞入了寻常百姓家,成为大众男女老少都普遍爱好的对象。尤其是改革开放以来,随着我国经济的高速发展,人民生活水平和文化素养的不断提高,奇石作为一种既蕴涵有自然的鬼斧神工,又包藏有深厚的文化意境的天然载体,也越来越多地得到了人们的赏识和青睐。人们认为集石、赏石、藏石作为一种高尚的文化休闲活动,既能让人们在繁忙紧张的学习工作之余,有机会缩短与大自然的距离,去体验自然的神奇和奥妙,并通过这一活动,增进对自然的了解,提高自己的文化素养,培养艺术审美的情操,陶冶日理万机的心情;而且还能达到以石会友、以石交友、扩大社交、丰富生活情趣的目的。所以,集石、赏石、藏石之风便以前所未有的迅猛之势席卷神州大地。现在几乎全国各个大中小城市,都设有大小规模不等的奇石市场,建有相应的奇石协会和集石、藏石的活动中心。爱石、集石早已遍及各行各业和各个阶层。许多人仿效古人,把自己住宅命名为"醉石斋"、"醉石居"、"醉石轩"等,陶醉沉迷于赏石之中。还有的报道说,某人从单位分得一套液化气灶具(当时很紧俏),在拿回家的路上,抵不住诱惑，用那套灶具换回一枚奇石，高兴得像"范进中举"般回了家，被妻子狠狠地数落了一顿。还有一位石友得到一枚上好的雨花石，白天品、晚上悟、夜里做梦醒来还要叫醒一家人帮助取名欣赏，折腾了三天三夜，使家人不得安宁。又有人进城看病，路过石摊，被那绚丽多姿的奇石所迷，不仅忘记了要去看病的重任，还把看病的钱倾囊而出，换回一块奇石。所以，可以毫不夸张地说，藏石、爱石已是当今社会的一种重要的文化现象。

5. 东方赏石与西方赏石的异同

爱美之心，人皆有之。奇石作为客观物质世界的一种独特的具有俊美、艳丽、奇妙、稀缺和蕴涵无穷机理和意境的载体，怎能不牢牢地吸引着人们的眼光，使人们为之着迷，为之疯狂，为之痴呆呢？

事实上，早在人类还处于蒙昧的史前时期，美的意识还刚刚处于萌芽阶段，就已有了对奇石的欣赏。如前面曾经提到的，1956年，在法国南部地中海沿岸一个40万年前的遗址里，发掘到几块红色的赤铁矿小块，上面有着经人工磨蚀的痕迹。它表明那时的原始人类已经懂得用它来涂抹、打扮自己。到了旧石器时代的晚期，人们显然已较普遍地用美丽的小石块来装饰自己。在欧洲前南斯拉夫沙尼达尔人遗址（4万～5万年前），我国山西峙峪人遗址（约2.8万年前），都曾在古人头骨边发现有和兽牙、贝壳混在一起的用于装饰的小石块。而在我国北京山顶洞人遗址（约2万年前）里，更发现被人们用于装饰的石珠，竟然还用赤铁矿加予染红。所以，对石的爱好是伴随着人类文明的发展而发展起来的，显然在它刚刚开始的时候并不存在任何东方和西方的差异。但随着人类文明在发展道路上出现了东西方的差异，人们在对石的爱好和欣赏方面，也就不免地烙上了各自不同的文化色彩，并渐渐地形成了风格迥异的两个流派。

如前所述，我国的赏石文化有着浓厚的儒、道、禅的文化背景。它是在文人士大夫的倡导下逐渐形成和发展起来的。作为一种美学的载体，一种视觉的艺术，奇石最早是以园林立峰的形式出现，进而变成案几的陈设，手中的把玩，是人们缩短与大自然对话距离的表征，所以被誉为是不朽的景，立体的画，无言的诗。更应该指出的是，在我国，赏石从一开始就是一种感性内省的文化观念活动。早在春秋战国时期，人们就有"君子比德于玉"的说法；东晋陶渊明则有"谁知片石多情甚"的感叹；唐代白居易在颂太湖石时也有"在世为尤物，如人负逸才"之句。前面还曾提到清代郑板桥在苏东坡"石文而丑"之后，又提出"丑而雄,丑而秀"的观点。这种以奇石之丑为美、丑到极处便是美到极处的丑石观,便是以观念来赏石的理念之延续,是郑板桥精辟诠释并终结古代"观念石"赏石理念的结晶。总而言之,在我国古代的石文化中,人们没有把顽石作为一种简单的欣赏对象来看待,而是在欣赏之中又融入了自己的情感,融入了自己对人生的体验,并借石抒情,以石论性。它讲究的是主观体验、形象思维和诗情画意。另一方面,奇石所具有的千姿百态、富于变幻的非定型特征,又使得每个人都可能根据自己的阅历和文化修养的不同,对其作出不同的评判,赋予其不同的含义;尤其是题名更需要具备一定的历史文学艺术素养和丰富的想象力,所以它具有非常明显的个性化审美特征。在这种赏石观的指导下,人们不探究奇石的岩石属性,不追寻它的形成原因,不过问它蕴藏的自然奥秘。所以我国的赏石活动,总的说来没有脱离形象思维的艺术领域(这一状况,随着地质矿物学和宝石学的引入,已有较大程度的改变)。

这种从形象思维和以观念来赏石的文化特征,并不仅仅限于我国。由于历史上东亚和东南亚诸国,与我国有着广泛的文化交流,因此,他们那里的赏石活动也大多传承了相同的特色,从而汇聚为一种具有相似特征的东方赏石流派。

在西方,由于文化背景的明显差异,在古希腊的逻辑思维和基督教文化的影响下,人们的赏石活动就走出了一条与东方明显不同的道路。几乎从一开始,西方的赏石就更多地着眼于绚丽宝石的欣赏。这应当源于《圣经》中关于圣城的描述。《圣经》中讲到圣城建立在12根柱子之上,而这12根柱子的基石就是宝石。另外,犹太大主教的法衣上也镶有相应的12块宝石(后来这就演化为当今流行于世的所谓的12月"诞生石")。由于有这样的文化背景,所以人们都热衷于搜集、欣赏和收藏这12种宝石。他们不仅迷恋于这些宝石的艳丽色彩和璀璨的光泽,还相信这12种宝石具有不同的护佑价值,在将其作为珍宝来收藏的同时,还企求用它来保护自己、保护家人,甚至保护教众。所以,在西方的许多古老的教堂中都珍藏有教徒们捐赠的宝石(这奠定了后来产生的宝石博物馆的基础)。如1391年伦敦圣保罗大教堂收到的礼物中,就有一颗大蓝宝石,捐献人要求把它陈列在神殿上,既供人欣赏也用它来治疗患有眼疾的人(当时西方人相信蓝宝石能治眼病)。

但这种早期的12种宝石究竟是什么,限于当时的认识,不免存在一定程度的不确定性和类似品种之间的混淆,这就促使人们努力弄清楚它们的真面目。14~15世纪,西方的文艺复兴运动,使古希腊的科学研究之风、逻辑思维得到有效的发扬。这就导致了矿物学、岩石学、地质学和宝石学研究的兴起,也

左：橄榄石。据说它曾被用作圣城耶路撒冷的第7根柱子的基石，后又被选为9月的诞生石
右：缠丝玛瑙。据说是圣城第5根柱子的基石，后曾被选为8月诞生石

给赏石活动带来了理性的思考。于是，在矿物学、岩石学、地质学和古生物学等科学理论的指导下，人们纷纷从不同的角度对那些传统的宝石进行物质成分、结构特征、物理化学性质，以及形成原因等方面的探索和研究，以期把不同的品种能有效地区分开来。为了研究的深入，搜集、收藏相应的标本显然是十分重要的，这就促使一些矿物学家、宝石学家、地质学家、博物学家纷纷加入奇石收藏者的队伍。队伍的扩大和研究视域的拓展，使人们把收藏的目光也不再限于早先的那些美丽的宝石，而着眼于更广泛的奇石领域。于是除了各种宝石之外，各种矿物的晶体、不同种类的岩石、稀奇古怪的化石，甚至神秘莫测的陨石等都成了人们收藏、研究的对象。这种赏石和藏石活动从一开始便带有很大的目的性，是在科学理论指导下展开的，是一种理性化的收藏活动。它注重的是这些顽石本身的科学内涵，重视的是它的学术科研价值。当然，从收藏、观赏的角度出发，它也要求藏品的美观性、奇特性、完整性、罕有性和珍贵性，但人们强调的是美感与科学的统一，是用科学眼光和思维来评价其观赏性与艺术品位，要求通过它了解自然的奥秘，知悉事物的内在本质。这与东方赏石只从表面形象出发，着眼于艺术化欣赏和命名是有着本质的区别的。也就是说，西方赏石缺少的是东方赏石那种深厚的文化积淀，绝无类似东方赏石的那种富于含蓄、想象的题名；但它却是理性的，蕴涵有浓厚的科学内涵，它力求人们在欣赏之余，能够了解事物的本质面貌，甚至透过表象揭开内在秘密。因此有

人评价说：如果说东方赏石只是知其然，而不求知其所以然的话，那么西方赏石便是力求知其所以然。

正像当今的东方的赏石、藏石队伍，因受到西方科学赏石观的影响，已不再满足和停留在原先的观念赏石的基础上一样，现在西方的不少赏石、藏石爱好者也开始对东方赏石观表现出浓厚的兴趣，出现了许多相应的赏石、藏石队伍和组织。据有关方面的报道，大约在 20 世纪 80 年代，欧洲的一些国家率先引进了东方的赏石理念。1989 年，欧洲第一个赏石组织——意大利赏石协会成立，以后又有德国、英国、南非、法国以及澳大利亚都成立了赏石协会。1992 年卢森堡还成立了"欧洲赏石联合会（ESA）"。1994 年欧洲赏石联合会在德国举办了首届国际赏石展览会，以后每年在各国轮流举办。不久，美国和加拿大也相继成立了全国性的赏石组织，如美国的加利福尼亚赏石协会、北美观赏石协会、加拿大雅石会等。这表明，在当今世界，这两种原本大相径庭的赏石观正随着世界文化交流的日益扩展，也在逐渐走向融合。

被选作 3 月诞生石的海蓝宝石和斜长石

（二）
奇石的价值分析

1. 奇石的价值构成

奇石是大自然的瑰宝。它源于大自然，且在千千万万年间历经各种自然作用的磨砺，从而把它造就成或具有美丽的色泽，或拥有奇趣的图纹，或具有独特的让人玩味无穷的形态……因而被人们誉为是不朽的景，立体的画，无言的诗。

但这些自然的瑰宝，若不是潜藏在江、河、湖、海、溪流之中，就是蕴藏在山峦、戈壁、荒漠、洞穴、泥沙之中，它需要靠人们去寻觅，去发现；还要求人们根据它的色泽、图纹、形态等特点来发掘它的内涵，并赋予联想、比喻，吟诗咏句来寄托自己的情感，使它提升成为一件很好的"天人合一"的艺术珍品。

所以，奇石的价值包含了自然的价值和人文的价值两大方面。

从自然角度讲，它的价值体现在美观、品性、稀少和科学内涵上。

毫无疑问，奇石之所以让人喜爱、引人留恋，就是由于它拥有足于夺人眼球，让人欣赏、把玩、品味的美观本质。如前所述，奇石的美在表现上与宝玉石不尽相同，它不刻意地追求鲜艳瑰丽的色彩，也不刻意追求晶莹剔透的质地，但这不等于说奇石都是色彩平淡、朴素无华的，而是有的也是以拥有五光十色、艳丽夺目的色彩见长的；尤其是奇石中的彩石亚种，更不乏可与宝玉石媲美的色泽，而且与宝玉石不同的是，它们还常常不是只具单一的颜色，而是常见几种不同的颜色巧妙地汇聚在同一块奇石上。大多数奇石的美更主要地不是表现在这方面，而是表现在它们或具有独特的、奇秀的、雄健的造型，或具有奇幻的、如画似绣的图案纹理，或拥有让人遐想联翩的深邃内涵上。尤其是那些寓意深奥的奇石，它们的美既不是表现在外表色泽上，也不是体现在简单的直观的外形上，而是在需要人们去细细品鉴、反复揣摩才能领悟的内涵上，所以，是一种要用心去体验的艺术珍品。也就是说，这时候它们不仅是一种形象艺术的天然佳作，还是一种心境艺术鉴赏的绝佳对象。人们在鉴赏这类奇石时，不仅可以获得形象上的美感，更可获得心神的启迪；甚至能够从一块块冰冷的石头身上，联想出人生的各种境遇，悟出宇宙自然界的神奇多姿，并藉以充实头脑海，

被命名为"富贵万世"的奇石

丰富心灵。

奇石的品性,它的坚韧、沉着、表里如一、宁碎不屈,在人们的眼中便有了道德象征的价值。孔子提倡"君子比德于玉"的玉德之说,就是把石作为道德象征的具体化。清代郑板桥提出石要"丑而雄、丑而秀"也是这种石德观念的延续。近代爱石名家沈钧儒先生更直白地宣告:"石之为物,秉性坚贞,表里如一。一个人应当具有石头的这些精神和气质"。

奇石大多坚硬,不易磨损,可辗转流传,历久如新。这不仅让人在欣赏之余,能萌发思古的幽情,就像明代文震亨所说的:"石令人古";还容易使人产生长寿的联想,进而也就使它拥有了可作为长寿象征的价值。所以,它不仅被人供奉于厅堂、书斋,也常常被人描绘在祝寿图中,用于表达对长寿的祝愿。

总之,奇石的观赏价值是无需多言的,是怎么说也不为过的,而这也正是奇石之所以令人喜爱,令人为之痴迷、为之疯狂的根本原因。

奇石的罕见性,更是毋庸多言的。众所周知,几乎每块奇石都是独一无二、世上无双的。而且它们都来之不易,不仅其本身是多种自然作用的共同锤炼的产物,更重要的它还常常要有巧合的机缘,致使其能恰到好处地"绘画"出或"雕塑"出某种人物或动植物的形象,或呈现出雄伟、旖旎的自然景观,或令人瞩目、叹为观止的造型。这也就是它所以绝无仅有、独步无双、不可复制的根本原因。奇石的来之不易，还因为它们大多都深藏在江湖河海之中，夹杂在触目皆是的顽石之间，通常要靠有心人不屈不挠地去寻找，还要有智者的眼光，才能发现它们，拥有它们。

奇石还大多具有科学研究价值。人们不仅能够通过它们，了解遥远年代的地质过程，窥探它们的形成秘密，而且还常常可以让人由外而里、由此及彼、触类旁通地获取更多的自然奥秘。尤其是矿物晶体类、化石类和陨石类奇石的科研价值更是难以估量。例如，大家都知道侏罗纪公园的故事。最初的起因便是人们发现一块琥珀中保存有完好的史前蚊子，并从蚊子体内提取到当年被它吸食的恐龙血液，继而又从恐龙血液中提取出恐龙的遗传基因，并加以修补和培育，从而使已绝迹6 500万年的史前庞然大物——恐龙得以复生。这虽然只是一个幻想故事，但从理论上说来并非不可能，而且即使真的做不到，但人们仍可从对琥珀中所包含的昆虫的研究，了解远古时期昆虫的种类和演化。再比如，那些来自遥远天外的陨石，它们常常会包含有一些地球上所没有的矿物。对这些矿物的研究，不仅可了解这些矿物本身的成分、结构、性质、成因等方面的秘密，而且还会有助于我们对外星世界和宇宙环境的了解。当然，各种不同的奇石都会有各自不同的科研价值，许多时候它还需要人们去努力发掘，努力探索。

从人文角度讲，奇石具有历史文化价值、资产储备价值和投资升值价值。

奇石的历史文化价值，体现在许多奇石具有浓厚的历史沉淀，通过它们可以了解千百年来石文化的发展轨迹，进而还可了解历代社会的人文、经济和风俗人情的状况与演变，甚至一些历史事件的来龙去脉。譬如从"玉玲珑"等太湖石的身上，就使我们对《水浒传》中关于"花石纲"的描述有了具体而深刻的体验。另外，从那些历经劫难而辗转流传下来的古旧奇石那里，还使我们窥见了一些古代名家耆宿的爱好、品性和他们的诗词造诣。

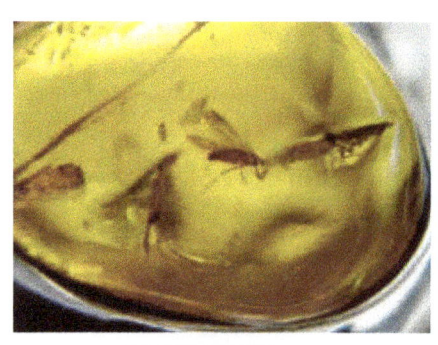

包含有昆虫的琥珀

奇石的资产储备和投资升值价值也是显而易见的。这是因为一些奇石在人们大肆寻觅和采集下，其自然资源正在日益枯竭，这就大大加剧了它本就稀少的本质，致使其更加物以稀为贵，成为不断升值的抢手货。另一方面，由于近年来爱石、藏石队伍的不断扩大，不免出现僧多粥少的现象，一些优质的奇石也就越来越多地成为人们竞相追逐的对象，这就必然地对奇石的价格起到推波助澜的效果。如有报道说，石市初期一车广西产的彩陶石，售价为 5 000 元（应该是几十块石才算一车），现在差不多每一块都要 5 000 元，甚至更高。2003 年花几千元可以买到一块品相比较好的大化石，而现在则要 10 倍甚至 100 倍的价格才能买到。因此，投资储藏奇石，已成为某些具有商业眼光的奇石爱好者的新选择。于是奇石商店、奇石交易市场便像雨后春笋般在各地涌现，并给许多投资储藏奇石的行家带来了丰厚的利润。

2. 影响奇石价格的主要因素

奇石的价值包含了自然因素价值和人文因素价值两大方面。这些显然也是影响其市场价格走势的基本因素。

从自然因素说，对它价格影响最大的当首推它的美观性和稀少性。

前面已经谈到，奇石的美观性表现在诸多方面，而且由于奇石品种的不同，其美观性的表现自然也就各不相同。比如对于景观石来说，它的美表现在瘦、皱、漏、透、清、丑、顽、拙、奇、秀、险、幽等十二个方面的差异。而对于类物石而言，它的美则主要体现在其形象是否栩栩如生、惟妙惟肖，也体现在它所类仿的形象本身所拥有的美学价值上。一块酷似某著名人物的类物石，自然会比仅酷似某普通物件的类物石有明显高得多的价格。再比如，对于矿物晶体类奇石而言，在评价它的美观性时，显然上述的评判因素就与其毫无关系，人们将主要通过对其晶体的晶形、色彩、光泽、透明度以及共生矿物的组合关系等方面来进行评估。若是化石类奇石，显然它的美又会有与矿物晶体类完全不同的表现，这时人们看重的是化石本身的保存状态，是否完整、形态如何、有无伴生的其他化石，它们的组合关系如何等。毫无疑问，奇石品类的这种复杂性，就使人们无法提出一个可以适用于评价奇石美观性的统一标准。更何况，即使是同一块奇石，在如何评价它的美观性时，也会由于评估者本身所从事的专业不同，或审美眼光和要求的差异而有很大的出入。此外，美观性的评价还会受到国家、地区和民族在观念和习俗方面的影响。因此，美观性对奇石价格的影响也就随评价的不同而不同。

奇石的稀有性更是无需多言的。当然不同的奇石所拥有的稀有程度也不尽相同，有的仅仅是个体上的差异，而有的则是总体品种上的差异。显然，总体稀少的品种，对奇石价格的影响要大于因个体差异所带来的价格差。比如陨石是来自天外的奇石，全世界迄今所搜集到陨石（若不计发现于南极冰原上的陨

被命名为 ALH84001 的火星陨石

石）总共才上千例，不超过万块（一次陨落为1例，每例可以不是1块），其中来自火星的陨石已确认的只有15块，可见其稀少，自然其价格也就难以估量了。

影响奇石价格的自然因素，还有奇石品种的珍贵性。那些由宝玉石构成的奇石与由普通岩石构成的奇石相比，在价格上自然不可同日而语。

再有，奇石块度的大小，也是影响价格的因素之一。当然在这方面它不像宝玉石那样锱铢必较，不会因克数之差而有明显差异，但块度大的还是会比块度小的具有较高的价格。

奇石的价格除了自然因素外，还在很大程度上决定于它的人文因素。这首先在于如何去发现它的闪光点。经常可以听到石商、石贩们抱怨说，一块奇石明明没有看出什么名堂，却被别人慧眼识宝捡漏了，身价倍增。这就是由于他们缺乏必要的文化素养和艺术的眼光，没能发现奇石的闪光点。其实，许多奇石所展现的形象，往往会带有某种朦胧、模糊的性质，常会使人横看成岭侧成峰，因此换一个角度，换一种摆放的姿态，就会使其具有不同的品味，价格自然也就会有所不同。如下图这块心形的奇石，有人仅简单地根据它的外形将其尖头向下，题铭为"心"，这固然十分贴切地反映了它的形态，但却不能给人予更多的想象空间。显然从这个角度来说，它也只能是一块普通的价值有限的象形石。现在如果把它倒过来摆放，这时从外形上虽然不符合它作为心形石的外观，但

同一块奇石由于摆放状态的不同，就会给人以不同的观感

却可从它体表显示的图纹中隐约地观察到,仿佛有几条小狗正在相互戏耍争闹,因此把它题铭为"群獒争欢",就可以在它的像与不像之间给人以想象的空间,也就使这块奇石的身价有了新的提升。所以,一块奇石的摆放姿态,或坐、或卧、或立、或躬、或仰、或俯都是十分讲究的。

影响奇石价格的人文因素,当然不仅仅体现在它的摆放姿态上,还体现在它的配座上。俗话说红花还需绿叶配,一块好的奇石若有好的底座(或其他相应的配件)相配,身价也会提高不少。给奇石配上什么样的底座(或其他附件),完全决定于该块奇石的所有者,因此也将因每个人的鉴赏能力、设计能力的不同而不同。这样一来,它们给奇石带来的附加值也就会有一定的差异。

从人文因素讲,对奇石价格影响最大的当属题铭,也即给奇石以恰到好处的命名。好的题铭具有画龙点睛的效果,使奇石的身价迅速倍增。好的题铭应该是不华藻、不玄奥、不俗气、不画蛇添足,又要隽永、含蓄、高雅、贴切,能雅俗共赏的。然而要做到这样却非易事,它考验着奇石所有者的文化素养、才情、想象力和智商。正由于它有很高的难度,所以题铭的好坏将会给奇石的价格产生十分重要的影响。

最后还应该看到,对奇石的欣赏具有明显的个人因素。人们所处的社会阶层不同、文化素养的迥异,以及个性爱好的差别,就使其具有不尽相同的欣赏理念,而这也就必然地反映在对奇石价格的评估上。一般来说,文人尚内涵深邃,官宦尚稳重高大,商贾尚寓意吉祥;好动的人喜欢气势奇险,好静的人喜欢稳重深沉等。因此,同一块奇石在不同的人的眼中就会有不同的价格认同。

3. 奇石市场概况

改革开放以来,随着我国经济的高速发展,人民生活水平和文化素养的不断提高,奇石已越来越多地得到人们的青睐,集石、赏石、藏石之风以前所未有的迅猛之势席卷神州大地。有人估计我国从事观赏石收藏的队伍,从20世纪90年代初的不足万人,发展到今天已经达到了不下千万之众。这就大大地激活了奇石市场的兴旺。现在全国各个大中小城市,都设有规模大小不等的奇石市场,而且还在不断扩大。例如广西柳州的卵石市场和桂林的矿物晶体市场、安徽灵璧的灵璧石市场、江苏东海的水晶市场、山东临朐的彩石市场等传统的石交易市场,一直以来都保持着旺盛的活力,每日的客流量和交易额均十分可观。而北京、天津、石家庄等地的新兴市场也十分活跃。另外,由于具有得天独厚的地理优势,广东的观赏石市场还吸引了众多港澳台同胞前来选购,其中不乏一些跨国交易。据保守估计,每年仅广东一地的奇石交易额,就能达到5亿~6亿元之多;山东临朐尽管还不是最重要的奇石市场,但年交易额也有2亿~3亿元。这就怪不得有的人要以异常火爆来形容了。

　　市场的火爆,吸引了越来越多的人们的注意,一些原本徘徊在石市之外的各路诸侯,为了不放过这个赚钱的良机,也都纷纷加入其中。他们的加入,在推动市场的进一步繁荣,以及在投资经营方法、运作模式等方面,对观赏石市场的规范和完善无疑起到了一定的促进作用。但加入的人多了,也难免不出现鱼龙混杂、泥沙俱下的现象,从而在某种程度上搅乱了市场。

　　纵观当今的奇石市场,人们认为可说是亦喜亦忧。喜的是,这火爆的行情不仅推动了奇石市场的蓬勃发展,在全国范围内孕育了一个十分兴旺的产业,而且在商家的吆喝声中和媒体的大力宣传下,也越来越多地引起了普通民众的关注,从而又进一步促进了赏石、爱石和藏石队伍的扩大,使赏石文化在普及的基础上有了新的提升。火爆的行情还促进了一些新的奇石品种的诞生和扩展,如广东的乳源彩石、广西的磷氯铅矿等,也为一些地方的经济

乳源彩石"霞映瑶山五彩梦"

磷氯铅矿

起飞和石农的脱贫致富作出了积极的贡献。忧的是，这火爆的行情使石市不同程度地出现了一些混乱的不规范的现象，并极大地推动了奇石价格的攀升。许多以前只要几十、几百元的奇石，现在动辄几百、几千元；有的甚至喊出了几万、几十万的高价。还有的报道说，成交价超过百万元的奇石现已不少见。更让人匪夷所思的是，某些奇石竟被一些专家估价为数千万乃至上亿元，甚至20亿元以上。

被估价1.3亿的"玛瑙雏鸡"

号称世界最大的夜明珠（直径1.6米，重6吨），报价22亿元

大致说来，目前石市中存在的问题，主要有以下几方面：

（1）石商队伍的扩大，各路企业的加入，虽然对观赏石市场的规范和完善起到了一定的促进作用，但所暴露出的一些问题也是不容忽视的。如曾任中国宝玉石协会副秘书长的程学林说，企业介入观赏石市场当然是件好事，大量资金的注入搅热了市场，提高了观赏石的价值。但是现在某些企业家急于表现自己，认为金钱可以办到一切，导致利用观赏石的水平不高，造成园林景观的破坏，这种方式是不可取的。而对于想提升企业文化的企业家更应注意到，文化的积淀需要时间，是没有速成法的。人们还指出，我国的奇石市场还处于一种比较低级的市场状态。据中国文化信息协会石文化专业委员会学术部副主任孟庆杰介绍，在现在的观赏石交易中，还是以一家一户的个体商贩经营为主，这些商贩大都缺乏资金实力和运作经验，致使我国观赏石市场的价格很不稳定，观赏石的价值也没有被充分地体现出来。另外，从市场管理的角度看，我国的奇石市场还缺乏行业的整体管理。由于从业人员比较复杂，致使目前行业协会的操作不太得心应手。就全国来讲，各个协会、组织都自成体系，比较零散，也不利于运作。因此，只有建立一个全国性的组织，进行行业自律，才能规范市场秩序，抵制不正当竞争，维护从业人员的合法权益，从而提升整个奇石市场的水平。

（2）市场存在一定的虚旺现象。奇石市场表面看上去红红火火，一片兴旺，但实际上存在一定程度的假象，泡沫丰富。这是因为表面兴旺的石市，在很大程度上来自于石商之间相互的买卖和转让，抑或是石商从石农处买石（实质是商品进货）。所以这种销售，并不代表真正的奇石销售市场。只有那些为了兴趣爱好，为了欣赏和收藏而进行的交易，才是真正的销售。也只有这一群体的不断壮大，才会给奇石市场带来真正的繁荣。

（3）炒作之风过盛，价位虚高。在火热的市场中，为了获取更高的利润，各地的石商在宣传自己的商品时，往往都带点"王婆卖瓜式"的吆喝。目的不外乎想藉此吹出天价来，反正我的石头我作主。有的石商将自己认为是精品的普通奇石拿去在杂志上刊登，一经刊出，便将那杂志作为奇石天价的凭证。还有人高价聘请所谓的专家来进行评点，使手中奇石的身价迅速倍增，甚至喊出了天价。再有的石商拿别人卖出去的奇石作比较，一块原值300元的石头，转手买了8 000元，我那块比他的好，保守价没有8 000元是不能卖的。正是在这种心态和炒作风之下，市场出现了盲目的价格攀比，导致价位虚高，脱离了现实。

（4）会展过频，虚假荣誉证书泛滥。随着石市的兴旺，全国各地也纷纷举办各种不同档次的会展，以至于让人有数不胜数、应接不暇的感觉。国际性的，全国性的，省、市、县协会组织都搞石展。有的为盈利，有的为宣传，只有少数确实为交流。从好的方面说，办石展确实为石友提供了一个互相观摩、互相切磋的交流平台，推动了奇石文化发展，也促进了奇石的销售。但由于会展过频，也带来了一些负面的效果。这首先是人们选送参赛奇石的质量参差不齐，一些曾经在会展中显露峥嵘、获过嘉奖的精品往往被人留在家里，反正精品不想卖，既怕遗失也怕碰坏，于是就拿出一些普通石品来参展。而主办方为了会展的声势，总得评个金银铜奖之类奖项，更有的为了照顾情绪还设有优秀奖。没有精品怎么办？总不能就此偃旗息鼓，于是那些送来参展的普通奇石，也瞬间受到了青睐，乌鸦变成了金凤凰。更糟糕的是有些会展，纯粹为了商业利益，评比的评判标准也不够具体，加上暗箱操作等人为因素，就使所谓的这个奖、那个奖有着太多的水分。而这些经过涂脂抹粉的"乌鸦"却要按"金凤凰"来按质论价。于是石展就成了许多不上档次的奇石的荣誉生产线，让那些沾沾自喜的石商祭出证书，来跟你漫天要价。

木化玉

（5）资源趋紧，精品短缺。这是最应该引起重视的问题。石市的兴旺、赏石队伍的扩大，使原本资源量就相对有限的一些奇石品种纷纷告紧；加上一些人为了追求高额利润，又采取捂石惜售、囤石造市的策略，使一些奇石更见短缺。物以稀为贵，稀缺的资源便导致奇石的价格一路走高。财富的诱惑，又使人们纷纷加入找石、觅石的行列。据有关媒体报道，现在许多热门的奇石产地，几乎每天都有千军万马在寻找，而留在这群挖掘者身后的则是被开采一空的山洞、废弃的乱石堆和满目疮痍的环境。毫无疑问，这种盲目无序开采的危害是显而易见的，但却没有能得到有力的扼制。据有关专家介绍，目前我国制定的与观赏石有关的法律只有《文物法》、《矿产资源法》和《古生物化石保护条例》三部，它们分别涉及了古脊椎动物化石和矿产资源的管理。而正在制定的《地质遗迹管理办法》也只侧重了有关基岩方面的内容。因此，目前市场上流通的奇石大多不在这些法规管辖范围之内，从而出现了奇石资源管理上的真空，使得行政手段对此鞭长莫及，导致一些珍贵的奇石资源遭到破坏性的开采，许多极具研究价值的奇石也大批流失海外。令人欣慰的是，目前已经有一些地方意识到了这个问题的严峻性。灵璧县政府日前就已经采取了封山的措施来限制灵璧石的开发，走可持续发展的采石之路。

（6）缺少国际交流。近年来我国赏石界与国际赏石界之间的交流，虽已有了一些良好的开端，如在2009年10月就曾在北京举办"首届中国观赏石—矿物晶体国际论坛暨精品展"，吸引了来自美国、德国、瑞士、日本、比利时、印度等国的40余位著名矿物学专家及矿物晶体收藏家，并围绕"科学、交流、和谐、发展"主题，进行交流和研讨，但毕竟这还仅仅是极其初步的尝试，总的说来还远远不够。其中一个问题就是在赏石的主要对象方面，双方还存在明显的差异。西方发达国家的博物馆和藏石者对矿物晶体、化石和陨石极其推崇。他们收藏和经营已有上百年的历史，矿物晶体、化石和陨石亦是目前国际上经销额最大的奇石类型之一。而我国的藏石界却以造型石、纹彩石为主要对象，在矿物晶体的收藏方面人数甚微，经营者更是长期忽视，仅在数年前才在有些地区如长沙、郑州、桂林、昆明、成都等地有人开始专门经营。同样，化石和陨石类奇石的收藏更是人数稀少。正由于这种差异，使人们在交流时缺乏共同的志趣和语言。

不同品类奇石介绍

奇石品类繁杂，包含了多种多样色泽不同、形态各异、来源迥异、成因多种、用途各样、价值悬殊的石种。为了便于藏石者的鉴赏，以及了解它的潜在的价值，本书在前人分类的基础上，将奇石总的划分为5类：即矿物晶体类、造型石与纹彩石类、化石类、陨石类和特种石类。这5类奇石无论从其自然来源、物质形态、性能特点，还是观赏价值、收藏意义来看，都有着明显的不同。在对它们进行介绍时，我们将根据它们各自不同的特点，有所选择、有所侧重地予以叙述。

（一）矿物晶体类奇石

世界上已发现的矿物有4 442种。作为矿物晶体类奇石，可以是由这4 442种矿物中的某一种矿物的独个晶体或其双晶、连晶构成；也可以由不同形态的集合体和晶洞、晶簇构成；也常见几种不同矿物的晶体共生在一起，形成美丽的晶簇。

因此，对于此类奇石可以概略地区分为以下几个小类：

1. 单晶体类

先说晶体。已知自然界的固体物质，按其内部组成物质质点的组合排列方式，可总的划分为两大类，即晶质和非晶质。凡是组成物质的质点作有规律排列，并且在外界环境许可的条件下，能形成规则几何多面体的物质，就是晶质。当其以几何多面体形态出现，便称为晶体；若因受外界环境限制，未能以几何多面体形态出现，小的称晶粒，大的称晶块。已知的绝大多数矿物都是晶质，所以在有利环境下都能以美丽的晶体状态赋存。若物质的组成物质质点作无规律的任意排列，就构成为非晶质。非晶质在任何情况下都不会以晶体的面貌出现（除非人为的刻意打磨）。如玻璃就是非晶质。

人们注意到晶体按照其几何多面体的对称特征不同，可以划分为7个晶系，即等轴晶系、六方晶系、四方晶系、三方晶系、斜方晶系、单斜晶系和三斜晶系。每种矿物只能属于其中的某一个晶系。若矿物的物质组分相同，但晶系不同，

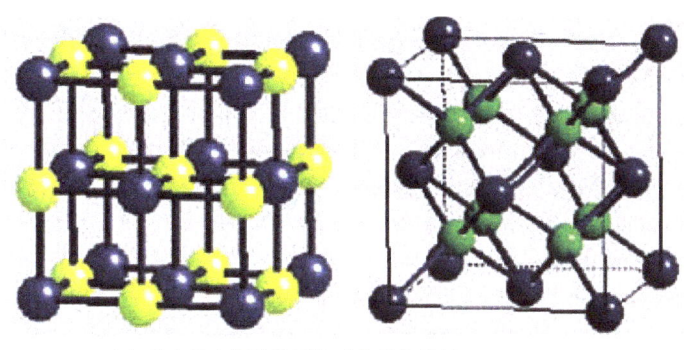

内部质点作有规律排列的矿物晶体举例

左：石盐(NaCl)，绿色：Na^+；蓝色：Cl^-。 右：萤石(CaF_2)，绿色：Ca^{++}；蓝色：F^-

就会形成为两种矿物。其中最典型就是金刚石和石墨，它们虽然都是由碳组成，但晶系不同，金刚石属于等轴晶系，石墨属于六方晶系，所以它们是两种具有完全不同性质的矿物（矿物的性质不仅决定于它们的化学组成，也决定于其组成物质质点的排列方式，即晶体结构）。

几种矿物的晶体

A. 金刚石；B. 刚玉（红宝石）；C. 绿电气石（碧玺）；D. 托帕石；E. 红绿柱石（柏比氏石）；F. 天河石

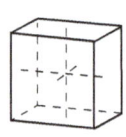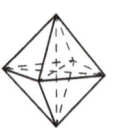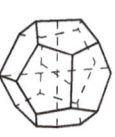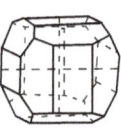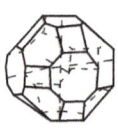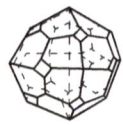

等轴晶系（Cubic System）常见的晶体

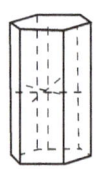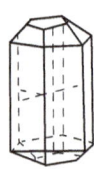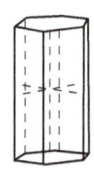 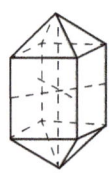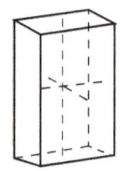

六方晶系（Hexagonal System）常见的晶体　　正方晶系（Tetragonal System）常见的晶体

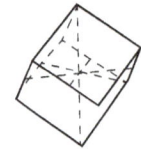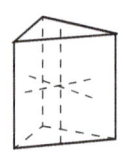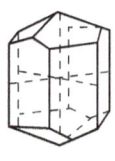

三方晶系（Trigonal System）常见的晶体

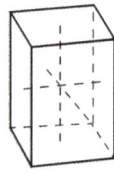

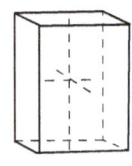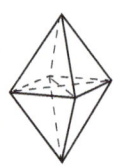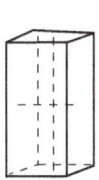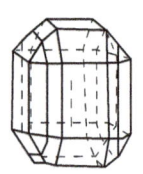　　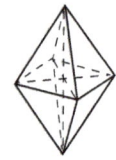

斜方晶系（Orthorhombic System）常见的晶体　　单斜晶系（Monoclinic System）常见的晶体

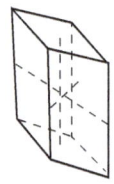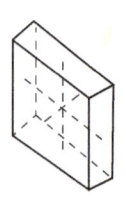

三斜晶系（Triclinic System）常见的晶体

7个晶系的常见晶体形态

在自然条件下，矿物的形成趋向于多个晶体共生，并多形成小的晶粒和小的晶体，因此，晶形完美、个体较大的单晶体便成为奇石爱好者追逐的对象，尤其是宝石类矿物的大个完美晶体，更是常常有着令人咋舌的身价。

2. 连晶类和双晶类

当同一种矿物的若干个晶体成平行关系规则连生在一起，就称为连晶或平行连晶。平行连晶的各个单晶体之间的内部结构，是完全平行一致的。表现在外形上，各个单晶体之间的所有各组对应晶面，也全部一一相互平行。

双晶是晶体规则连生的另一种表现。但形成双晶的两个或三个单晶体，除了在某几个特定方向上有相互平行的关系外，其余皆不平行；而是依某个内部的面呈镜像对称关系（即形成双晶的单晶体之间的关系，就好像是一个在镜子内、一个在镜子外互相映照一般）。双晶按其晶体之间的结合关系，可划分为两大类：即"接触双晶"和"穿插双晶"。前者由两个单晶体依一个平面相互接触来构成；后者由两个或两个以上的单晶体互相贯穿来形成，所以也叫贯穿双晶。同一种矿物的双晶结合方式是固定不变的，但有的可以有 2～3 种结合方式。矿物不同，其双晶的结合方式也常各自不同。鉴于这个特点，双晶常拥有特定的名称。如水晶可见有三种双晶，分别称：道芬双晶（由两个左形晶或两个右形晶穿插构成）、巴西双晶（由一个左形晶和一个右形晶穿插构成）、日本双晶（一个晶体与另一个晶体依一斜面成近 90 度角相接触构成接触双晶）；还比如金绿宝石常见有由三个晶体互相穿插构成的轮式双晶（双晶的命名，有的以其结合后的形态来命名，如轮式双晶、燕尾双晶；有的以其最初发现地，或发现人来命名，如日本双晶、道芬双晶）等。晶形良好的双晶相对罕见，所以双晶常成为许多奇石爱好者搜集、收藏的对象。

矿物的平行连晶

左：橄榄石。右：紫水晶

接触双晶

左：水晶的日本双晶。右：石膏的燕尾双晶

几种穿插双晶

A. 十字石的十字双晶；B. 长石的卡氏双晶；
C. 萤石的穿插双晶示意；D. 金绿宝石的轮式双晶（三个晶体互相穿插）

3. 晶簇类与晶洞类

当矿物的若干晶体任意地簇生在一起，而且它们的底端固着在一个共同的岩壁上，顶端则自由地向上发展，便称为晶簇。晶簇可以全部由同一种矿物

晶簇类奇石

A.黄铁矿方解石晶簇；B.绿萤石长石晶簇；C.长在岩壁上的铬铁榴石晶簇；D.有沙漠玫瑰之称的石膏晶簇

 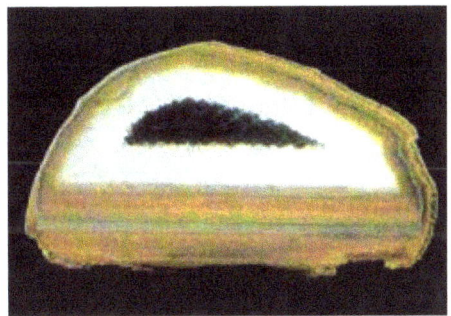

晶洞类奇石

左：紫晶晶洞。右：玛瑙中的水晶晶洞

构成，也可以由两种或两种以上矿物构成。晶簇都是矿物在早先就已形成的洞穴中生长发育的结果。也就是说，这些洞穴形成在晶体形成之前，它们可以是岩浆作用时形成的岩洞，也可以是构造作用产生的裂隙、洞穴，还可以是后期岩溶作用的产物等。正是晶洞所提供的自由空间，让晶簇的上端能够不受限制地发育成良好的晶体。晶洞类奇石就是保留有洞穴空间形态的晶簇。其中最典

69

型的就是当今在市场上最常见的、来自巴西的紫晶晶洞类观赏石,以及中心赋存有水晶晶簇的玛瑙切片。

晶洞和晶簇类奇石是矿物晶体类奇石中相对常见的品种,一些色泽美丽、造型良好的此类奇石向为人们所珍爱,尤其是那些伴生有稀有矿物和宝石矿物的晶簇和晶洞,更是人们渴求的瑰宝。

4. 矿物集合体类

矿物的晶体(不论大小)聚集生长在一起,便可称为矿物集合体。比如岩石就是一种矿物集合体。

矿物的晶体,根据其赋存颗粒的大小,可分为显晶和隐晶两大类。显晶指其晶粒能被肉眼或用10倍放大镜所分辨;隐晶则是在10倍放大镜下也不能分辨其晶粒的结晶状态(严格说,这是广义的隐晶。它还可再分为微晶和狭义的隐晶两种状态。狭义的隐晶是用普通显微镜也无法分辨其晶粒的结晶状态;微晶则是在显微镜下能分辨其晶粒的结晶状态)。据此,人们把矿物集合体也区分为显晶质集合体和隐晶质集合体两大类。

(1)显晶质集合体。晶簇实际上就是一种显晶质的矿物集合体。除晶簇外,常见的显晶质集合体还有:

① 放射状集合体。一些单个晶体呈柱状、针状、片状或板状的矿物,当其以某一个点为中心,向四周作放射状排列时,便构成为放射状集合体。著名菊花石的所谓"菊花"实际上就是碳酸盐类矿物的放射状集合体。这种集合体主要形成于环境中没有明显定向压力的条件下,以致晶体具有从结晶中心向各个方向生长的均等机会。

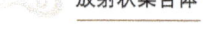
放射状集合体

左:针铁矿。右:七水铜硒铀矿

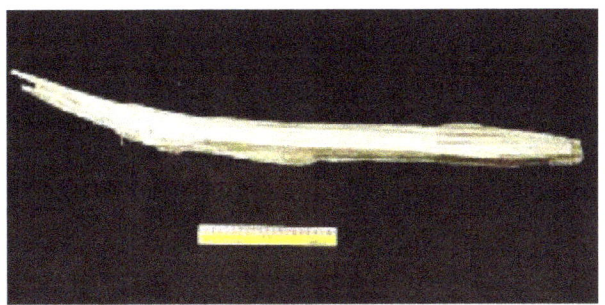

石棉的纤维状集合体

② 纤维状集合体。一些细长柱状或纤维状矿物密集平行排列构成的集合体，称纤维状集合体。其中最常见的有石棉和纤维石膏的集合体。形成此类集合体的矿物系具有较强的一向延伸的特性，并通常垂直于岩石裂隙生长。值得注意的是，有些较粗的柱状晶体也会形成类似的垂直裂隙，并呈平行排列的集合体，此时称之为"梳状集合体"或"箆状集合体"。常见的有"马牙石"之称的水晶的箆状集合体。

③ 树枝状集合体。当晶体由一个晶芽开始长大，并在晶体的尖端不断分枝，便形成树枝状集合体。冬天在玻璃窗上看到的冰花，便是冰的树枝状集合体；还有在许多岩石裂隙中可以看到的有假化石之称的"模树石"，则是一种铁锰质矿物的树枝状集合体。当构成树枝状集合体的晶体细小到肉眼不可见时，则应归入隐晶质集合体。

④ 糖块状集合体。由个体较大的立方体状或似立方体的柱状、多面体状矿物构成的集合体，彷如聚集在一起的糖块，故有此名。这种集合体常形成在有较宽裕的空间和充足的结晶时间的环境里。其中最常见的有黄铁矿的糖块状集合体和萤石的糖块状集合体。

(2) 隐晶质集合体。由细小的隐晶质矿物构成的集合体，也有多个不同的形态，现分述之。

① 钟乳状集合体。这是一种由隐晶质矿物聚集形成的，呈圆锥状、圆柱状或圆丘状所形成的集合体。其中最常见的便是形成在许多石灰岩溶洞中的石钟乳。这种集合体也正因此而得名。此种集合体通常是在相当长的时间内，由层层形成的矿物微小晶体聚集而成。故其具有明显的半圆形同心层状构造，每层在颜色或杂质组分上常略有差异；而且由于集合体形成之后发生的再结晶作用，以致产生垂直于同心层排列的放射状构造。

树枝状集合体

左：自然银。右：模树石

糖块状集合体

上：橘红色萤石。下：长石

② 肾状集合体。这是一种类似于钟乳状集合体的矿物集合体。它呈较低平的凸包状，近似于若干腰肾堆积在一起，故有此名。其中最常见的有赤铁矿的肾状集合体。肾状集合体与钟乳状集合体一样，也具有半圆形同心层状和放射状的内部构造，所以，有的人将其归为钟乳状集合体的亚种。

③ 葡萄状集合体。这是一种隐晶质集合体。它具有类似的半圆形同心层和放射状的内部构造，只不过这些大小不完全相同的半圆形小球互相聚集在一起，就像葡萄串一般，故名之。

钟乳状集合体

肾状集合体

左：赤铁矿。右：孔雀石

④ 结核状集合体。这是一种像果核一般矿物集合体。它是矿物的微小晶体包绕一个核心，并层层凝析聚集而成。结核大者直径可达数十厘米，小者可不足1毫米。结核的外形可以是球形、卵形或不太规则的其他形态。当大量的小如鱼卵的细小结核密集分布在一起时，又被称为鲕状集合体；若密集分布在一起的结核大如豆粒，则称豆状集合体。若结核不论大小、稀疏零星分布，则直称"结核"（此种结核常可具有甚不规则的外形）。

葡萄状集合体

左：蓝铜矿。右：玛瑙

结核状集合体

左：碳酸盐矿物的鲕状集合体。右：豆状集合体

⑤ 晶腺状集合体。当含矿溶液携带的矿物质，在岩石的空洞中析出，并由洞壁开始层层充填，便形成为晶腺状集合体。这种集合体内部也具有同心层状构造，但在形成顺序上与结核不同。它不是由中心向外层层包绕，而是由外壁层层向中心凝聚。因此，若其中心未被矿物质填满，便会留下空洞。许多玛瑙是这种晶腺状集合体的典型代表，所以我们常常可以找到中心有空洞、包含有溶液的所谓"水胆玛瑙"。

⑥ 被膜状集合体。指沉淀在岩石或其他矿物表面的由隐晶质矿物构成的薄膜状集合体。如在一些水晶表面可以看到的方解石的薄膜。那些沉淀在泉口周

晶腺状集合体

左：玛瑙的晶腺状集合体。右："水胆玛瑙"（中心发白处系隐藏在石内的水胆）

围的某种矿物的被膜状集合体，又常常被称为"××华"。如由二氧化硅（成分为石英微晶或蛋白石微粒）构成的硅华；由碳酸钙为主的微晶构成的钙华；由含铁矿物的微晶构成的铁华等。

⑦ 土状集合体：指由粉末状矿物聚集而成的比较疏松的矿物集合体。土壤实际上就是一些矿物的土状集合体。

除上述各种集合体外，还有一种集合体被称为"致密块状集合体"。这种集合体既可以由隐晶质矿物构成，也可以由显晶质矿物构成。也就是说凡是矿物，不论其晶粒大小，只要紧密地聚集在一起，又无方向上明显的组成差异，便构成为致密块状集合体。花岗岩、玄武岩、大理岩等岩石的块体就是一种致密块状集合体。

5. 矿物包裹体类

矿物形成于自然环境中，在其形成过程中每每有可能捕获一些环境中的杂质，并将其包裹在体内，成为包裹体；矿物形成后，由于受到后期作用的影响，也会导致外界物质的进入（比如因受挤压破碎，使外界物质沿裂缝进入），形成为包裹体。包裹体大多非常细小，肉眼不可见，而无直接观赏价值，但也有些个体较大、肉眼可见的，由于其奇异有趣，就常成为人们热衷收集的对象。

评价矿物晶体类奇石的优劣，应主要着眼于以下因素：

首先是矿物的种类和它的稀有程度。在已知的 4 442 种矿物中，常见矿物的总数不超过 200 种，也就是说，绝大多数矿物都是相对比较稀少，甚至是非常罕见的。毫无疑问，这些越是稀少的矿物，其收藏价值就愈高。比如有一种被称为"六方钻石"（又名"朗斯代尔矿"）的矿物，已知最先是在陨石中发现

几种具观赏价值的矿物包裹体

左上：直径 8 厘米、标价 48 000 元的钛晶球（加工成球状的含金黄色二氧化钛矿物的水晶）。
左下：包含有小飞虫的琥珀。右上：包含有水胆的水晶。右下：包含有如小鸟般包体的发晶

它的存在，然后才在地球上找到，但迄今全球已发现的个数仍不超过 10 颗，显然其收藏价值之高是毋庸多说的。

其次是晶体的形态及造型。各种矿物在有利的环境中都会发育形成为晶体，但在大多数情况下，由于受到周围空间的限制，会生长成与理想晶形有所差别的所谓"歪晶"；而且通常个体较小。因此，具有良好晶形，且个体完整的大个晶体自然就会更受人们的青睐。

第三，晶体的颜色、光泽、透明度等物理化学性质，是考量此类奇石的观赏和收藏价值的重要因素。许多矿物尽管同种同属，但却会由于形成环境的差异，而拥有不同的色泽、透明度和发光性，甚至不同的晶体形态。比如萤石是一种相对常见的矿物晶体类奇石。它有绿、紫、褐、乳白、黄、蓝和红等不同的颜色。产区不同，甚至同一产区的不同部位，就可以看到它的颜色不同；而且在透明度上也有所差别。显然，那些相对罕见的红色，或其他艳丽色彩的品种，在观

赏和收藏价值上比其他同类奇石高上一筹。再比如，已知金刚石有许多不同形态的晶形，如八面体、菱形十二面体、立方体、六八面体、四角三八面体、八面体立方体与菱形十二面体的聚形以及四面体等10多种晶形，其中以四面体最为罕见，尤其是由两个四面体构成的穿插双晶更是罕见。因此完全可以想象到，在同样大小的情况下，一颗具四面体晶形的金刚石必定比常见的八面体晶形的金刚石的收藏、观赏和研究价值高出许多。

第四，许多矿物都不是独立产出，而是以集合体的形式或与其他矿物共生在一起。因此，集合体的形态和完整性、共生矿物的种类及相互间的配合特征与造型状态等，也是评价此类奇石价值的重要因素。比如水晶若与黄铁矿共生，因比较常见，就不足为奇，但若与自然金共生，其价值就会大大提升。

第五，矿物晶体的某些特殊性质和现象，对提高此类奇石的价值常会产生重大影响。再以萤石为例：已知萤石都能发出强弱不尽相同的荧光，但只有极少数萤石具有发射磷光的本领，可用于制作夜明珠。显然，这种具磷光效应的萤石，在观赏和收藏价值上就远高于普通萤石。还比如有些矿物的特殊品种可以具有变色效应（阳光下和灯光下会具有不尽相同的颜色），或是具有猫眼效应（有一条像猫眼一般的明亮光带）、星光效应（有交汇在一点的四射或六射光带）

不同颜色的萤石

具星光效应的蓝宝石

具猫眼效应的金绿宝石

等。这无疑都会大大提高它们的观赏和收藏价值。其他如双晶的存在和类型、包裹体的存在和赋存状态等，也都是人们评估其价值的因素。

最后还应该指出，矿物晶体类奇石的收藏，通常不是为了单纯的观赏，而是还用作知识普及的示范标本，或科学研究的对象。因此，对于收藏者来说就不应该只是把它作为天然艺术品来欣赏，而是应该深入地了解和探究它的内涵。也就是说，首先应该知道你的这块奇石是什么东西；是由哪一种或哪几种矿物构成的；它们是以什么样的形态组合在一起的；在同类的矿物中，它有什么与众不同的地方（如果可能还应该探究它为什么会有这些不同）……诸如此类的问题，有的可能不是一般爱好者和收藏者能够回答的。这时候，你可求教于有关专业机构或专家，或是求索于相关的书籍。一旦这些问题获得恰当的解答，不仅会提升你的知识水平，也会大大提高你收藏的兴趣，还有可能发掘出潜藏在该藏品内的某种意外的价值。

（二）

造型石与纹彩石类奇石

这是奇石中数量最庞杂的一个大类，包括了前人所分出的彩石、纹石、类画石、类雕塑石、文字石、景石等。实际上国人传统观念中的观赏石，主要就是指的这一类奇石。它们大致可区分为造型石和纹彩石两大亚类。其中造型石又可再分为景观石和类物石；纹彩石则可再分为类画石、文字石和彩石。关于它们的概况，在前面"奇石的分类"一节中已有过介绍，这里就不再重复。

下面将重点介绍那些构成此类奇石的著名石种（应该指出下述的许多著名

石种，多是以产地来命名的，同一石种中既可能有造型石，也可能有纹彩石）。

1. 灵璧石

灵璧石是我国最负盛名的奇石品种，原产于安徽灵璧县渔沟镇磬石山北麓平畴间，现在则已扩展到附近区域。1999年世界园艺博览会在昆明举办，在大会举办的奇石展评中，灵璧石获奖21块，位居世界100多个国家之首，为此奠定了灵璧石在国际观赏石中的地位，成为世界收藏家的首选，堪称天下第一石。

据考证，灵璧石最早记载于相传由孔子编选而成的《尚书》之中。古人以灵璧石声音清越无比，遂用以制磬，故有"八音石"（八音指古代用于制作乐器的八种材质：金、石、丝、竹、匏、土、革、木）之称。在古代，无论是皇家贵族还是文人雅士都对其喜爱有加，每有所获，都视为珍宝，置以佳座，日夕耽玩。其中有文献记载的就有苏轼的"小蓬莱"、范成大的"小峨眉"、赵孟頫的"五老峰"、风流帝王李煜钟爱的"灵璧研山"；宋徽宗还为常常把玩的一株灵璧小峰，题了"山高月小，水落石出"八字，命人镌于峰侧，并钤御印。南宋《云林石谱》上记载石品116种，灵璧石被放在首位，并认为其"石理嶙峻"、"青润而坚"、"扣之铿然有声"；明人文震亨撰写《长物志》，也有"石以灵璧为上"和"色如漆，间有白文如玉"、"扣之声如玉"、"以利刃刮之略不动"的评判。人们认为灵璧石之所以受到诸多名士如此钟爱，是因为它具有独特的魅力：一是无论大小，天然成型，千姿万态，具备了"皱、瘦、漏、透"诸要件，意境悠远；二是灵璧石的肌肤往往巉岩嶙峋、沟壑交错，粗旷雄浑、气韵苍古，纹理十分丰富，韵味十足；三是色泽以黑、褐黄、灰为主，间有白、暗红、五彩……不仅多姿而且多彩；四是"玉振金声"的音质，轻击微扣，都可发出玎玱之声，余韵悠长。正如宋代诗人方岩在《灵璧磬石歌》开头所云："灵璧一石天下奇，体势雄伟何巍峨。巨灵恕拗天柱掷，平地苍龙卷首尾。两片黑云腰夹之，声如青铜色如玉。秀润四时岗岗翠，乾坤所宝落世间。"

灵璧石种类繁多。其主产地由于受到赏石、藏石热的影响，采挖奇石者已掘地2米，采石范围也移向附近区域的山脉地

灵璧石"小蓬莱"（72厘米×34厘米×26厘米）

带，已知石种已逾十种，赏石界对之有不同的分类，本文参照有关史料，将其大体分为8类：

（1）磐石。有墨玉磐石、灰玉磐石、红玉磐石等，统称八音石。除色泽、形体差异外，石质基本相似，玲珑剔透，扣之有清脆悦耳之声，且余音悠长。灵璧石的特点是具备"声、形、质、色、纹、意"六美。其中"声"是灵璧石的主要特点，所以，磐石被认为是灵璧石的首选品种。

灵璧石"墨玉通灵"

这件灵璧石带座高45厘米，厚15厘米，石色墨韵如玉，在幽然的光线中由内而外透出一种深邃的吸引力。石面褶皱丰富、石脉通联，整体作扭动状，表面包浆浓厚，并与由内而外的墨韵浑然一体，一种清雅的古意油然而生。

在诸多出版物中，此石被定为明代，不少专家也称此石造型古朴、包浆浓厚可追宋元。2009年春在西泠供石拍卖会上，此石以51.52万元成交。

（2）珍珠石。一种以石面突起一串串、一簇簇的石珠，就像镶嵌了无数乌亮润泽的黑珍珠的灵璧石。这些"珍珠"或大或小，有的能形成图案，有的饱满圆润。珍珠石有磐石底的，也有臭石底的（臭石：行话是指处理不干净、不彻底的意思，且大多没有声音）。早期出产的灵璧珍珠石石色古朴凝重，石皮细腻，有的珍珠会遍及整个石体，有的像形状物。目前，灵璧的珍珠石产量已经很低，

灵璧珍珠石

价格也是不断攀升。这使一些不法商家开始对石头进行造假，他们在磬石的基础上进行加工，然后用水泥粘出"珍珠"，再涂上鞋油或蜡，使新手很容易上当受骗。

（3）龙鳞石类（皖螺石）。按颜色之不同而有"红皖螺"、"灰皖螺"、"黄皖螺"之称。此类奇石以布满凹凸起伏的螺状花纹为特征。古人因不明其成因，将这些螺纹形容为龙鳞，遂有龙鳞石之名。其实，这些所谓的"螺"是一种被称为"叠层石"的古代藻类的化石。此类灵璧石除按其造型直接用于观赏外，也广泛用于建筑墙体装饰。

黄皖螺"富贵满堂"

（42厘米×56厘米×20厘米）

灵璧五彩石"雄鹰回首"

（96厘米×30厘米×63厘米）

灵璧花山青霜玉

(4) 五彩石。或称彩灵璧。石色有黄、绛、褐、红、青色，可谓缤纷灿烂，雕嵌纹理特别，曲折有致，一般可直观欣赏到河流、山川、日出、霞光、洪荒或黑云压城等景象。

(5) 花山青霜玉。以红、黑两色组成，石质较硬（硅化程度较高，以致刀刃难以划动），手感滑润，光洁天然，色彩深嵌其中，形奇色美，以山丘象形居多。

灵璧透花石"钟馗"

(6) 透花石。此石多为圆形或椭圆形状，黑、灰底色，展现出人物、山川、花鸟、沙丘、文字等，典雅有致，栩栩如生。当透过背面以强光照射，观之则韵味无穷，故有透花石之名。

(7) 莲花石。也称为龟纹石。以岩石表面有纵横交切的格纹为特征，如有所谓的胡桃纹、龟回纹、蝴蝶纹、鸡爪纹、水纹等，自然流畅，表现出原始风霜味和音乐韵律感，充分体现了苍古厚重、自然含蓄的鬼斧神工的造化之美。也有的具平行的薄层，而有千层石之称。石色以灰白、

莲花石

左：龟回纹莲花石。右：莲花千层石

白灵璧

灰黄为主，而有白莲花、青莲花、玉化莲花之称。少数莲花石也能发音。莲花石硬度相对较低，结构不很紧密，受震动易解体。

(8) 白灵璧。此类石有多彩的石种，底色有红白、黄白、灰白、五彩、褐白数种，石面呈现斑斑点点的白玉状，质地坚硬，如积雪、白云点缀通体，并伴有橙色的、略突出石面的花斑，格外醒目。真是天生丽质，自胜粉黛。

此外，灵璧石按体型大小，又可分为园林石、厅堂石、案头石和把玩石。按形象则可分为景观石、象形石、禅意石等。

灵璧石，尤其是其中的磐石最为人们所珍爱，在当今的市场上，一方尺寸超过40厘米的磐石精品，其售价往往不低于万元。为了追求这种高额的回报，一些不法商人常采用各种手法来以次充好，以假充真。其中最常见的是以其他类似石料来冒充，有的更采用人工雕琢、修整的方法来增加它的"瘦、皱、漏、

83

透"的意境。其实，在灵璧石的辨识方面，明代的文震亨在《长物志》中就曾指出："伪者多以太湖石染色为之"；进而又指出：灵璧石与太湖石的不同在于："太湖石亦微有声，亦有白脉，然以利刃刮之则成屑"。另外，《金玉锁碎》中更把灵璧石与英石进行了比较："其实英石无声，有声者灵璧石也"等。

从岩石学的角度而言，灵璧石是一种致密细粒轻度硅化和富含有机质的石灰岩，其形成年代为8亿年前的震旦纪。组成矿物的颗粒大小（粒径）为0.01～0.018毫米，近似等粒。矿物成分主要是方解石（>90%），还有少量的白云石（<5%），及黄铁矿等铁的氧化物（3%±），二氧化硅和有机质则赋存于上述矿物的颗粒之间，致使其胶结构外紧密。岩石结构为显微等粒镶嵌结构，致密块状构造，其薄片在镜下未见裂隙和孔隙。众所周知，由方解石和白云石组成的石灰岩，其硬度为3～4级，易被刀刃所划；而灵璧石之所以利刃刮之略不动，应该是轻微硅化的结果。而"金玉之声"则应该既缘于硅化，也缘于其颗粒之间胶结之致密。大多数普通石灰岩由于均不具备上述灵璧石的岩石学特征，因而一般也就无灵璧石的"金玉之声"。但事实上这并不是灵璧石的专利，如据《古矿录》、《姑苏志》等古籍记载，上乘太湖石"形嵌之，性湿润，扣之铿然"。《云林石谱》记述安徽无为石"石色稍黑而润，多作群山势，扣之有声"。可见，扣之有声的石灰岩并不仅限于灵璧石一种。至于灵璧石中的白纹，则是后期贯入的方解石脉。其石色黝黑、色如漆，则是富含有机质的表现。至于时见红、黄、褐诸色，则是铁质污染的结果。

除此之外，一些灵璧石玩家也曾对灵璧石的鉴别提出若干经验性的意见。如安徽省淮北市石文化研究会的秦文联提出对灵璧石的真假作出判断可凭以下三点，即一凭感觉，二看价格，三看纹皮。所谓凭感觉，就是购买者对拟购奇石的鉴赏心得，当然它首先应该符合我们上面讲到的灵璧石的那些基本特征，同时又是你觉得值得为之付出的对象（这一点有点唯心，只能作为最初步的判断依据——笔者）。看价格，即要认识到当今市场上灵璧石是一种非常走俏的奇石，真品都有不菲的价格，所以切勿抱着捡漏的心态，贪图便宜货。记住，便宜没好货，假的可能性非常大。看纹皮，这是最重要的一点。首先是观察纹理流畅与否，然后看皮色自然与否，这两点还是一种感觉。更具体的是看石面上纹理凹进去的部分，看看底纹能不能看清楚，如果底纹样式呈现"U"字型，没有"V"字型纹底，那无疑是人工的了，如果是"V"字纹底，你再细细看看纹底的天然氧化物，因为凹进去的纹底天然的氧化物比石体表面氧化物要厚，在对石头进行处理的过程中，刷子首先刷的是石头表面，对于纹底的氧化物总是不能像表面一样处理得干净，因此，表面最终的颜色会呈现黑色、青色或其他主色调，但纹底却是灰白色，这样凹进去的纹理才是真的。对于这种凹进石体表面的纹理也可以用放大镜看一看，注意纹底有没有人工痕迹。该奇石即使打磨得再光滑，但其自然的纹底是打磨不到的，可以看出它天然的韵味和氧化物的天然色泽。如果这块石头的纹理发白，好像有灰浆一样，你可以用铁丝刷子来刷一下。在经过用刷子刷之后稍微用水泼一下石头，如果发现纹底很难干，石体表面干得很快，这就是真家伙了；如果纹底干得也很快，那就麻烦了，假的可能性很大。对于假珍珠石可将其与凸出石体的纹理一样看待，也是用一般铁丝刷子来刷，刷出来的结果与上述凹进去石体的纹理石相反。经用铁丝刷子刷之后，珍珠越发是黑幽幽的、光溜溜的，而石体表面颜色却暗于珍珠疙瘩，而且珍珠疙瘩顶部鲜亮，周围发灰白色，这当是真的无疑；如果经用铁丝刷子刷之后，珍珠部分不是黑幽幽的、光溜溜的，而石体表面颜色甚至比珍珠疙瘩还鲜亮，珍珠疙瘩周围并没有灰白色，则必然是假的了。对于非上述品种的灵璧石，一类是以灰色为主调的莲花石和汉画像石，这一类皮纹是灰色，表面有沙沙拉拉的感觉，作伪之后，沙沙拉拉的感觉没有了，灰白色显得鲜亮，石头的"骨肉"（石头的内里石质）甚至被做出来了，骨肉的颜色是黑色的。还有一大类就是彩色灵璧石，就是除了黑色、灰白色以外的所有色彩的灵璧石。彩色灵璧石允许用稀盐酸处理表面的氧化物，处理之后颜色更加鲜亮。彩色灵璧石纹理一般以凸出来为主，类似经脉，如果发现石皮经脉走向错位甚至突然中断，中断部分的石体表面特别光滑（被切割打磨抛光了），虽然特别光滑却色泽与其他部分有所区别，那就是假的了。另外，要注意的是，有时石头表面已经被售家涂了蜡或胶合灰浆，这就很难用刷子在短时间让其显出原形。有可能的话，应通过开水煮、松香水刷的办法来先褪蜡、褪胶和灰浆，然后再用刷子刷。

2．英石

英石被誉为中国四大名石之一，产于广东英德市望埠镇的英山。其开采和玩赏具有悠久的历史，早在1 000多年前的宋代就享有盛名，曾广为帝王贵胄和文人雅士所爱好。如北宋有"米癫"之称的米芾曾贬任浛洸（现英德市浛洸镇）尉。他爱石成癖，正是在品赏英石时首创为后世长期沿用的"瘦、透、漏、皱"四字诀。著名文人苏东坡二过英德，相传他有三大玩石，一曰仇池石，一曰九华石，一曰雪浪石。其中仇池石与九华石均是英石。他特别喜欢仇池石，"以高丽所饷大铜盆贮之，又以登州海石如碎玉者附其足"，视之为"希代之宝"。最后也因为这块石头，引起当朝驸马都尉嫉妒，欲占为己有，互为诗歌，打了一

标价35万元的英石"飞龙在天"

2010年11月30日,经中央电视台《寻宝》栏目组在英德3天的努力"寻宝","飞龙在天"被誉为当代民间国宝

场弄得朝野沸沸扬扬的"官司"。由于备受世人推戴,仇池石的市场售价很高,常被作为珍贵礼品赠友,苏东坡的仇池石即为表弟程德儒所赠。宋曾有诗人感叹"久闻英石空流涎,意欲得之无力致"。黄庭坚任广西象州太守时,得英石佳品"云溪石","费万金载归",还留下"醉梦江湖一叶中"的诗句。到了南宋,英石更"热",诗人杨万里诗云:"未必阳山天下穷,英州穷到骨中空;郡官见怨无供给,支与浈阳数片峰。"可见当时英石已几乎达到等同货币的地步。

宋以后,英石仍备受各方的青睐。清人陈洪范曾赞誉曰:"问君何事眉头皱,独立不嫌形影瘦。非玉非金音韵清,不雕不刻胸怀透。甘心埋没苦终身,盛世搜罗谁肯漏。幸得砣砣磨不磷,于今颖脱出诸袖。"

英石还广泛用于园林布景,如据查,北京故宫的御花园中,保存有27块英石,占到该园奇石总量的1/8;岭南的四大园林顺德清晖园、番禺余荫山房、东莞可园、佛山梁园也都主要以英石取景。现存杭州苗圃、有江南三大名石之称的"绉云峰"也是英石。开封大相国寺展示三件北宋徽宗的"寿山艮岳"遗石,其中一件"覆云峰"是英石。此外,用英石制作的盆景也享誉中华,2008年,"英石假山盆景技艺"被列入第二批国家级非物质文化遗产。

英石的倩影不仅遍及神州各地,也已远传海外。18世纪以来,在英、法、德等欧洲国家的宫廷、富人花园、官邸中就常见有用英石构建的叠山、起拱门、也被用作亭基、装饰喷泉等。1987年广东省访美代表团赠送一座融入现代工艺的英石盆景给美国,现置沙拉姆皮博迪博物馆。1996年广东省政府赠送一块优质英石(命名鸣弦石)给日本神户国际和平石雕公园,成为中日友好的"和平之珠"。澳大利亚谊园和新加坡国家公园的主景都是英石。现在美、英、日三国的有关博物馆或艺术馆里安放有不少清代以前的古英石,其中有令苏东坡朝思暮想达八年的"壶中九华",和明朝大臣顾鼎舍命保护的"正直老头"均流入美国。

从岩石学角度而言,英石是一种主要由方解石组成的石灰岩,形成于3.2亿～2.7亿年前的石炭纪时期。之后由于地质变迁,产区周围普遍抬升为陆,所产石灰岩在含碳酸地下水的作用下,受到不同程度的溶蚀,从而形成了形形式式的溶沟、溶穴。其中,位于英德市区东北约10千米的英山,是英石的最主要产区。在风化侵蚀作用下,一些自然崩落的石块,有的散布地面,有的埋

现存于杭州苗圃的"绉云峰"

此石嵌空飞动,形如云立,高2.6米,狭腰处仅为0.4米,色泽青黑,褶皱深密,体态硕长,是"瘦"的典型,乃英石中罕见的巨峰。

宋朝《渔阳公石谱》已有该石的记述,可见其为宋代遗石。清初置于循州节署,为总兵吴六奇所有,适逢其恩师查继佐来粤作客,见到此石便摩挲把玩,依依难舍,并题名"绉云"。恩师的爱石之举,早被精明的总兵看在眼里记在心上,他便忍痛割爱,命令部下不远千里日夜兼程,将该石运往海宁,成全恩师爱石凤愿。当查氏回到老家浙江海宁时,只见梦牵魂绕的"绉云峰"已屹立于屋后的"百可园"中,大为惊奇。从此也留下了一段"门生千里赠奇石"的佳话,为"绉云峰"添上了最具人情味的一笔。

查氏谢世后,该石曾辗转流传至海盐顾氏、海宁马汶手中,后马汶之甥蔡小砚将此石移置石门该镇之福严禅寺。现置于杭州苗圃。

入土中，使原本已受到不同程度岩溶作用的岩石，在长年的阳光曝晒风化、箭雨刀风的冲刷、流水的侵蚀等作用下，受到进一步的溶蚀，以致岩石布满深密皱褶，有蔗渍、巢状、大皱、小皱等状，成为具备传统赏石标准"瘦、皱、透、漏"的典型；而且多扣之有声，造型怪异，玲珑婉转，精巧多姿。有的平展，有的竖立，有的层叠，有的不分层；有的石块上穿满了大孔洞，有的却只是扭扭弯弯没有孔洞；有的石面印满了大大小小的坑，有的却光滑无瑕；有的裂纹交错，甚至有断裂口，有的却很完整；有的纹理精细，有的粗糙……它们一般都呈浅灰色、中灰色，略显一点青，同时又交杂着一些白色或其他色的裂纹。虽然没有两块英石的造型完全相同，但无论石型怎样变化，却形异而神似，有着一种平衡与跳跃、刚硬与柔软、沉稳与空灵综合一体的艺术效果。

人们根据英石产出状态，又将其区分为阳石和阴石两类。出土者为阳石，质地坚硬，色泽青苍，扣之清脆。入土者为阴石，质地稍润，色有微青和灰黑，扣之皆有韵声。阳石按表面形态分为直纹石、斜纹石、叠石等；阴石玉润通透，各有特色，各有千秋。

英石"和平鸽"（36厘米×5厘米×18厘米，约3千克）　　英石"飞峰探云"（高46.5厘米）

英石又按用途分为园林景观石、几案清供石和假山盆景构件石3大类：

（1）园林景观石。大器独石成景，中器则三件五件组合成景。

（2）几案清供石。按外观分为山形石、峰形石、柱形石、桥形石、洞形石、崖形石、云头雨脚形石等；按主观理念又分为抽象石和具象石，或是像形石、会意石（寓意石）、意境石；同时亦可按颜色分类，史书记载英石以黑为贵，漆黑如墨并有少许白丝者为最佳。

（3）假山盆景构件石。大者叠山理水，小者入盆造景。叠山有两种方式：逢山随山形点缀，平地仿山形而造。理水大致也有两种方式：砌渠和镶湖边，摆石犬牙交错，禁忌平铺直叙。盆景则分为旱山式（纯石景）、石辅树式（以树为主）、树辅石式（以石为主），盆景树通常是福建茶、九里香、罗汉松、竹子等，造型一般为大自然的缩影。构件石按纹理色泽分为横纹、直纹、雨点、层叠、大花、小花等。根据调查，英德假山盆景传统工艺制作艺人，可追溯到清朝道光年间望埠镇同心村沙坪自然村的何永堂。进入20世纪80年代末，广州籍大专生冼昌在望埠工作之余，牵头组织几位年轻的民间艺人一起研究英石盆景的创新课题，把电子超声波技术融入旱山式盆景，成功制作出现代英石雾化盆景，被誉为"无声的诗、立体的画"，并获得国家专利权。

体现出怪异、张力、强势、古拙之美的英石

英石的旱山式盆景

3．太湖石

太湖石享有千古名石之盛名，是与灵璧石、英石等齐名的四大名石之一。太湖石原本只指产于环绕太湖的苏州洞庭西山、宜兴一带的石灰岩，其中以鼋山和禹期山的太湖石最为著名。而广义上的太湖石，则把各地产的由岩溶作用形成的千姿百态、玲珑剔透的碳酸盐岩也称为太湖石。它们以多窟窿和褶皱纹理为特征,故又有"窟窿石"之称,一向用于叠造假山、点缀园林庭院等人文景观之用。古人云:"错落复崔嵬,苍然玉一堆。峰骈仙掌出,罅拆剑门开"。作为园林赏石中的代表性石种,太湖石早在后晋五代时期已受人们的青睐,唐时更盛。如唐朝宰相牛僧孺就是一位赏玩太湖石的大家,大诗人白居易曾写下千古名篇《太湖石记》。北宋徽宗皇帝在开封堆垒大型假山"艮岳",所用石源主要是太湖石。如今北京故宫和历代宫廷、园林遗址留存的名石,绝大多数也是太湖石。如著名的江南三大名石,除"皱云峰"为英石外,现存于上海豫园的"玉玲珑"和苏州第十中学校园的"瑞云峰"均为太湖石。

江南三大名石之一"瑞云峰"

　　传说北宋时期,有一个叫朱勔的人,在太湖中采得两块奇特的湖石,分别命名为"大谢姑"和"小谢姑"。"大谢姑"先运往东京,深得宋徽宗的喜爱,而"小谢姑"在装船启运过程中突然连船带石沉没于太湖深处。以后朱勔派了很多人前去打捞,奇怪的是寻遍周围水域,就是寻不到"小谢姑",仿佛这块奇石"游"走了,朱勔没有办法,只得懊丧地放弃了打捞计划。

　　许多年后,到了明朝,吴县陈姓人氏竟在西洞庭山找到了"小谢姑",陈氏欣喜若狂,连忙雇人将此石装载上船,准备运往苏州。而奇怪的事情又发生了,石头上船后不久,突然船漏舱破,"小谢姑"又落入湖底,打捞半天还是找不到。陈氏急了,花大本钱在峰石沉处的四周筑成堤圩,将圩中之水弄干,这才将"小谢姑"取出水,运到家中,安置在堂屋前。

　　过了一段时间,浙江董氏花费巨资从陈氏手中买下了这块奇石,令人不可思议的是在运输这块奇石的途中,运石船又沉没了。董氏费了九牛二虎之力,才将"小谢姑"打捞上来。后董氏将此石赠给女婿徐泰时,徐泰时将此石置于自己的"东园"内(现留园的一部分)。

　　乾隆四十四年(1779年),苏州地方官为迎接乾隆南巡装修行宫,特将此石搬移到行宫内(现苏州第十中学内)。时至今日,这块颇带传奇色彩的奇石仍屹立在那里。

千洞百孔的太湖石

太湖石"飞龙"高280厘米，长230厘米，厚100厘米，重达8吨。其形态神似腾龙，昂首向上，呈欲腾飞之势。2010年6月6日在上海黄浦拍卖行拍卖，底价为250万元。

太湖石有水旱两种。"旱太湖"产于湖周围山地，枯而不润，棱角粗犷，难有婉转之美，自然质朴，无矫揉造作之嫌。石体肌理、结构、外形具有其自身独特的自然美，长期摩挲，包浆历历，温润古雅。"水太湖"产于湖中，十分稀贵，因石体被湖水常年累月浸润，暗流侵袭，石体被湖水掏刷、雕琢出一个个天然的形状各异的孔洞，俗称"弹子窝"，整块石体通灵剔透，孔洞缠连，扭转回环，妙趣横生，委婉俏丽，含蓄内敛，流露出透风漏目的美姿，其文静优雅的造型令人遐思。唐吴融的《太湖石歌》中生动描述了水石的成因和采取方法："洞庭山下湖波碧，波中万古生幽石，铁索千寻取得来，奇形怪状谁得识。"明画家造园家文震亨在《长物志》中写道："太湖石在水中者为贵，岁久被波涛冲击，皆成空石，面面玲珑。"

从岩石学角度而言，太湖石也是一种主要由方解石组成的碳酸盐质岩石。它们或形成于2.7亿～2.2亿年前的二叠纪，或形成于2.2亿～2.0亿年前的三叠纪早期。其中形成于二叠纪时期的太湖石每每含有䗴科动物的化石，可作为鉴别的依据。"䗴"也称"纺锤虫"，是一种具有纺锤状外形、一般只有几个毫米大小的原生动物，曾广布于我国古生代晚期的浅海地区，二叠纪末期就像后来的恐龙一般突然销声匿迹，给古生物学家留下了一个不解之谜。太湖石形

纺锤虫
左：横切面，长约3毫米。
右：纵切面，约1毫米

成之后由于地质变迁，产区周围普遍抬升为陆，所产石灰岩在含碳酸地下水和雨水的作用下，受到不同程度的溶蚀，从而形成了形式各异的溶沟、溶穴。其中有一些在风化侵蚀作用下，发生自然崩落，坠入周边的太湖水中，又备受湖水的常年累月浸润溶蚀，于是更加加剧了岩溶作用的进程，产生许多窝孔、穿孔、道孔，形成形状奇特、峻削、千孔百洞的水太湖石。产于山地的旱太湖石由于缺少水下溶蚀的这一过程，仅仅依赖大气中剑雨刀风的侵蚀，虽也会发生不同程度的岩溶作用，但毕竟程度相对较弱，因此在形态上要比水太湖石略逊一筹。

太湖石除天然成因外，也有人为加工制作的。明林有麟《素园石谱》记"平江（今苏州）太湖工人取大石，或高一二丈者，先雕置于急水中舂撞之，久之如天成，或以熏烟，或染之色"。

太湖石色泽以青灰色居多（俗称白石），少有青黑石和黄石，尤其黄色的更为稀少。它们盘拗秀出，有的端严挺立，置于园林中，犹如三山五岳，百洞千壑。远近风物，咫尺千里。隐隐然有移天缩地之意，幽幽然得山水之真谛。故特别适宜布置公园、草坪、校园、庭院、旅游景点等。一些体型较小者，则被用作供石、几案石。

黄色太湖石

巢湖太湖石

前文已经提及，太湖石不限于江苏太湖周边所产，也包括其他地区所产的类似奇石，其中较著名的有安徽太湖石、北京房山太湖石、河北西同龙太湖石等。简介如下。

(1) 安徽太湖石。产于巢湖地区，故又称巢湖太湖石。是一种备受岩溶作用洗礼的碳酸盐岩。它不仅具有太湖石家族的"瘦、皱、透、漏"的共性，还具有以下4个特点：

① 含有丰富的海生无脊椎动物化石，为该石增添了历史的沧桑感和绝妙的风韵。因孕育巢湖石的"母岩"，当时的形成环境为温暖洁净的浅海，适宜各类珊瑚及其他无脊椎动物的繁衍，后来其遗体被埋藏在地层里，就形成了现在的化石。

② 其石富具孔径较小的孔洞，但孔洞圆润，并以孔洞之多、孔径之圆、孔壁之光而称雄。

③ 石内常有方解石组成的奇筋异脉。它们纵横穿插，笼络隐起，且数量多，分布广。

④ 不少石上常生有硅质或泥钙质成分的瘿瘤，产生浑朴的美感。这种"瘿瘤"主要存在于三叠系南湖组瘤状灰岩形成的石上，呈现出"丑"之美学效应。

巢湖太湖石在历史上曾以太湖石之名入选花石纲，进贡朝廷。近年更因其丰富的化石和方解石脉组成的图案而走俏，远销国内外。它既有重达百余吨的巨石，也有小不盈尺的"迷你"石，故既可用于园林布景，也宜用作案几供石。

现存于北京中山公园的"青云片"。它与颐和园的"青芝岫"石被世人称为姐妹石。气势磅礴、空灵浑厚,好似一片青云。

(2) 北京房山太湖石。也称北太湖石。产于北京市房山周口店地区。该石为石灰岩,形状大体和南方太湖石相似,具有太湖石的"涡、沟、环、洞"的变化。容重比南方太湖石大,扣之无共鸣声,多密集的小孔穴而少有大洞,体态嶙峋透露,质地坚硬,轮廓飞舞有致,色或青灰、或灰白,堪称北京园林用石的佳品。清代苑囿的几座名峰,如"青芝岫"、"青云片"以及已毁去的"玲珑石"(原立置于圆明园)均是;个体较小者则广泛用于修筑叠石假山。房山太湖石大部分埋在土层里,因红色山土的作用,新开采的多呈土红色、橘红色、土黄色,日久后表面带些灰黑色。质地不如南方太湖石脆,有一定韧性。外观比较沉实,浑厚雄壮,和南方太湖石外观的轻巧、清秀、玲珑有明显区别。

另一种也常用于北方园林的类太湖石,称土太湖。它色带黄色,似产自泥中,外形较顽拙,不及北太湖漏透,且石之表面多密布细孔小窝,犹如海绵,别有一种趣味。

(3) 河北西同龙太湖石。是近年来发现于河北省唐县西北太行山腹地的岩溶石灰岩(广义太湖石)。由于唐县属于唐尧文化(以尧为代表的陶唐氏部落的文化遗存)旧址,故这种在唐县发现的太湖石又被尊称为"唐尧奇石";又因主产地在西同龙一带,故又称"西同龙太湖石",归入北太湖石一脉。

西同龙太湖石质地坚硬，时人认为它具"瘦、透、漏、皱、丑、绝"六奇。

一奇为瘦。石态窈窕，突兀嵌空，刚硬苗条，不肿不疲。

二奇为透。洞豁贯穿，玲珑剔透，多孔多洞，灵动飞舞。

三奇为漏。空穴委曲，鬼斧神工，上下贯穿，上可乘天冰，下可接地气。

四奇为皱。皱襞叠浪，岩窦纵横，石肤若披麻，如斧劈千仞，似海浪层层。

五奇为丑。丑极则美，美极则丑，丑而雄，丑而秀，乍看怪丑，实则娇美。

六奇为绝。个性独特绝无仅有，一石一景、一石一物、一石一天地、一石一世界，堪称绝世奇石。

一些人认为西同龙太湖石具有极高的观赏、使用、收藏价值，是文明生态建设、园林古建、装饰衬托不可多得的上等石材佳品。有的人甚至认为它可与早先已得到开发的四大奇石灵璧石、太湖石、昆石、英石并列为第五大奇石，这未免有过分炒作之嫌。

除上述安徽太湖石、北京房山太湖石和河北西同龙太湖石外，类似的由岩溶石灰岩构成的广义太湖石（其中来自北方诸省的，常被统称为北太湖石），还分布于山东省临朐县境内和山东费县等地。现南京玄武湖公园环洲芳桥端就竖立有三块从费县购置的北太湖石，景名为"米芾拜石"，其中最大的一块石头形如"辟邪"，高达8.6米，重达40余吨。这是南京市目前最高最大的一块园林景石。

西同龙太湖石

4. 昆石

昆石是我国四大名石之一，产于江苏昆山市玉峰山（俗称马鞍山）。它的开采、观赏和收藏，可追溯到西汉时期，至今已有2 200余年历史。

昆石，历代受到文人雅士的喜爱，人们常不惜以重金求取，得石后给石取名，吟诗作赋，赞誉不绝。如宋代大诗人陆游在他的七律诗中有"雁山菖蒲昆山石，陈叟持来慰幽寂。寸根蹙密九节瘦，一拳突兀千金值"之句。元代诗人张雨在《得昆山石》一诗中有"昆邱尺璧惊人眼，眼底都无蒿华苍。孤根立雪依琴荐，小朵生云润笔床"等。

昆石是一种以形态取胜的造型石，由于大多个体有限，故又主要用于案几陈设、把玩。它以其百穴多孔、晶莹洁白、玲珑奇巧、风姿妙绝而著称，所以又有"巧石"、"玲珑石"之名。从岩石学角度而言，它实际上是一种产于距今5亿多年前沉积生成的寒武系白云岩层断裂带中的硅化角砾岩。一般按石质的不同可分为两大类：一类被称为"雪花鸡骨峰"者，系白云质角砾岩，经后期岩溶作用的溶蚀造型而成。它结构空灵，多窍，峰面雪花（重结晶的白云石）点缀，晶莹可爱。另一类被称为"水钻峰"者，实系后期地下硅质溶液，贯入白云质角砾裂隙凝固而成的石英晶脉或水晶晶簇。故石体常遍布六角棱柱形水晶小晶体，在光照下又有亮闪闪的反光，令人爱不释手。

昆石

左："水钻峰"。右："雪花鸡骨峰"（陈志高先生藏品）

昆石

应该指出，昆石不是完全的天然产物，它的成品都需经繁杂的人为加工。一般从洞中采下原石，先在阳光下曝晒5～6天，使粘附在外表的红泥发硬剥落，再用滚烫的碱水反复冲刷（致原岩中的白云质角砾大多被腐蚀殆尽，所以昆石中的洞穴不呈圆形，而多具一定棱角，即系角砾蚀失的结果），并仔细剔除石孔内的泥屑石粒；然后再用草酸洗去石上的黄渍，并清洗晒干，再略加雕琢裁切，方获晶莹洁白的昆山石。若配以红木或紫檀木底座，遂成珍贵的石玩。

昆石除按物质组成分为"雪花鸡骨峰"和"水钻峰"外，又可按其形态特征命名为"杨梅峰"、"胡桃峰"、"荔枝峰"、"海蜇峰"等。

最后要指出的是，昆石产区面积有限，又久经开采，致资源已几经枯竭，目前又无其他产地的发现，故其未来应有良好的升值空间。

5. 雨花石

雨花石是一种天然玛瑙质砾石，也称文石、观赏石、幸运石。主要产于江苏省南京市六合及仪征市月塘一带。由于其斑斓剔透、色彩缤纷、艳丽秀美、花纹奇巧、图案逼真、诗意盈然，故被誉为石中珍品、天赐国宝、中华一绝，有"石中皇后"之称。

据考证，雨花石的鉴赏和收藏，至少可追溯到四五千年前。1955～1958年，南京博物院先后四次对市中心鼓楼区距今五千多年前新石器时期北阴阳营文化

斑斓剔透的雨花石

雨花石"江山多娇"

遗址进行考古发掘,在出土的大量文物中,从当初含在死者口中和陶罐里,共发现有 76 颗雨花石,其中还有被穿孔作为佩饰的。可见当时的人们已把雨花石当作观赏物和装饰品,而且还当作财富,予以收藏,并用于陪葬。春秋战国时期,雨花石还作为贡品进入宫廷。《尚书·禹贡》记载有"扬州贡瑶琨"。《说文解字》中指出:"瑶,玉之美者。琨,石之美者"。《辞海》载,瑶、琨,皆美玉,瑶,似玉的美石。扬州地区是古冲击平原,所以所说的瑶琨最有可能指的是雨花玛瑙。

　　南宋杜绾《云林石谱》,是最早记述雨花石的石谱。他写道:"真州或六合水中或沙土中出玛瑙石,颇细碎,有绝大而纯白者,五色,纹如刷丝,甚温润莹澈。土人择纹彩斑斓点处就巧碾成佛像。"南宋景定元年(1260 年),亦元代中统元年。其时南宋虽仍偏据江南一隅,但大势已去,岌岌可危;而元始盛,世祖登极,欲遍告天下,遣翰林侍讲学士郝经出使南宋,却被南宋宰相贾似道扣留于真州(今仪征市)长达十五年之久。在这期间,郝经"每见一花木果实,辄不能去"。拾到美丽石子,"如获物外之奇宝,濯之以清泉,薰之以沉烟,置之盘盂内,而弄于明月之下。"他不仅赏石,而且从赏石中悟出一番哲理,作《江石子记》。此记几近千言,是一篇详实记叙雨花石的专文,后人所概括的"质、色、形、纹"在此已初见端倪。

　　明代是雨花石收藏的第一次热潮,出现了许多知名的收藏家。林有麟,作《素园石谱》,收藏有我国现存的最古的雨花石图 35 帧。侨居金陵的新安别驾程克全,收藏奇石数百枚,号其藏室为"醉石斋",有冯梦祯为其作《醉石斋记》,记叙颇详。六合县令孙国敉,作《灵岩石说》对其在六合的赏石活动阐述尤详。又有姜二酉《灵岩子石记》,以精炼之笔叙了雨花石。随着雨花石收藏热的兴起,雨花石在明代就形成了商品集市。《醉石斋记》云:"六合山中所产绝奇,好事者竟出金钱购之。"陈贞慧《秋园杂佩》:"独恨阛阓市儿,寸许石子,索价每以两许"。《灵岩子石记》:"余履齿每及雨花、桃叶间,必访其上乘者贮之奚囊"。陈继儒《太平清话》:"贾客以白瓷盘贮五色石子售之,索价甚高,其石出六合山玛瑙涧中,裹粮负锸,从雨后觅之,山深无人烟,往返六十里,甚则几至冻饿得病死者,于是吴人从涧旁结草棚以市酒食,而负石者始众,此风唯万历甲午始见之。"由此可见,当年雨花台、桃叶渡之间的秦淮河两岸的雨花石集市货易情况,以及采石人之辛劳。

入清之后,流传至今影响较大的有,康熙年间钱塘储九鼎的《石谱》,被誉为"大清第一石谱"。谱中诸石皆注明尺幅,大者近五寸,小者不足半寸,主要为长江流域雨花石一类的五色石子,作者一一状其纹色、意象并以四言体为诸石作铭。清人爱石中,值得一提的是"半亩园"主人龚贤。字半千,号"半亩山人",上元人,善书画,居明清山水画家"金陵八家"之首。龚贤也是位雨花石收藏者,其好石之深、爱石之切从其诗文中可见一斑:"相逢顽石亦当拜,顽石无心胜巧人,作客十年魂胆落,归来约与石为邻。"据《万石斋灵岩大理石谱》:"半亩园主人藏石,有神工、佩玉、鱼头、僧帽、神龟五石,均系上品。闻其易簪时,皆以为殉,湮灭不传。"乾隆下江南,赋诗藏石留史话。常言道:爱美之心,人皆有之,帝王也概莫能外。乾隆在位六十一年,曾六次南巡,南京乃必到之地。以雨花台为题的诗便有五首,如《雨花台口号》、《戏题雨花台》等;在莫愁湖畔的景观石上刻有他"顽石莫嗤形貌丑,娲皇曾用补天功"的诗句。1992年6月,在中国革命博物馆举行的《中国观赏石展》展品中,就有北京故宫博物院提供的乾隆皇帝赏玩过的4枚雨花石。其中一枚,正面显出苍龙头像图案,实为罕见。

近代雨花石更成为赏石家们的至爱,人们争相寻觅,孜孜以求,称誉雨花石是花形的石,是石质的花,凝有天地之灵气,聚含日月之精华,孕育万物之风采,敛集乾坤之神韵。认为观赏、收藏雨花石可令人心旷神怡,意安体泰。

传说雨花石来自1400多年前南北朝的南梁武帝时期。有一个和尚,法号云光。他自幼出家,虔心礼佛,立志要劝世人向

雨花石"山羊"

雨花石"千岛湖"

雨花石"柳岸春晨"

雨花石"西山红叶"

善，解救百姓劫难，就四处云游，讲解佛旨。这天，他来到南京城的一座石岗子上，开讲佛经。由于他讲得非常好，听众越来越多，虔诚礼佛之声一时感动了天神，天空中便飘飘扬扬下起了五颜六色的雨。这些雨滴一落到地上，就变成了一颗颗晶莹圆润的小石子。由于这些小石子是天上落下的雨滴所化，所以人们称之为"雨花石"，而把云光讲经的石岗子称作"雨花台"。当然，这只是一个神话故事，事实上，雨花石的形成，起源于地质时代的中生代时期，那时长江中下游的一些地区，火山突然爆发，大地轰鸣，火光冲天，炙热的熔岩到处奔腾。当火山活动结束后，凝固的熔岩留有许多大小不一的气孔。它们便成为孕育雨花石的摇篮。火山期后饱含二氧化硅的地下热水，在渗流于熔岩中时，就把二氧化硅沉析于熔岩孔洞中，形成一个个玛瑙质或硅质的结核。后期的地质变迁，使这些火山熔岩抬升成为山地，受到了剑雨刀风的洗礼，在经年累月的风化侵蚀作用下，大量熔岩携带着玛瑙质和硅质结核从山体上被剥落下来，并被流水带入江河之中。起先它们棱角毕露，疙疙瘩瘩，但在流水的冲击下，它们一路翻滚，互相撞击，一些硬度较低、结构较松散的熔岩大多碎成泥沙，而质地坚硬的玛瑙质和硅质结核则慢慢地被磨蚀成几近滚圆的砾状。大约在距今300万年前，它们终于被带到了今江苏南京和六合、仪征一带，并沉积成今天被我们叫作"雨花石层"的砾石层。所以，从岩石学角度而言，雨花石是一种河流冲积砾石。根据其物质组成，人们还把雨花石分为广义和狭义两种。广义雨花石，泛指构成雨花石层的各种砾石，既包括千姿百态的玛瑙石，也包含各种色彩的燧石、蛋白石、硅质岩、石英岩、硅化灰岩、火山岩的砾石；狭义的雨花石只指其中的玛瑙石。

众所周知，雨花石瑰丽无比，朦胧的透明中似有山川云霞、春光秋月、花鸟鱼虫、六畜猛兽、鬼怪神仙、僧俗妇孺……据此，人们一般把雨花石分为：人物、动物、风景、花木、文字、抽象石等。按照颜色、花纹、层次、质地、硬度、亮度的"六美"（质美、形美、纹美、色美、呈象美、意境美）程度予以分级。

其中近代著名雨花石收藏家王猩酋和张轮远曾分别提出将雨花石分为三品九等。

藏石家	上 三 品			中 三 品			下 三 品		
	1	2	3	4	5	6	7	8	9
王猩酉	灵品	奇品	隽品	幽品	精品	纯品	别品	常品	庸品
张轮远	绝品	珍品	奇品	清品	纯品	淑品	净品	驳品	常品

2006 年池澄在此基础上，又将其归纳为 5 个等级，并以顺口溜的方式予以概括：

五等满街叫者，是街头叫卖之贱品。

四等跑龙套者，是只可作配景配色的常品。

三等有奥妙者，纹彩不俗，内中有"文章"可供你寻觅。

二等呱呱叫者，具有相当品味之美石。

一等吓一跳者，令人一见拍案惊奇之灵品、绝品。

需要指出的是，现代市场上供应的雨花石，有许多是人为加工磨制出来的人工砾石。它们有的虽也有不错的色彩、纹理或图案，但毕竟不是天然瑰宝，其价值自然要打个折扣。而且这些人工制作的雨花石，还大多不具有玛瑙的质地，而是以碳酸岩质居多，其价值自然更低，因此雨花石爱好者应给予充分警惕。要鉴别这两类真假雨花石相对容易。真的玛瑙质雨花石硬度较高，即硬度为 7 度，小刀划不动；假的碳酸岩质"雨花石"硬度 3～4 度，小刀可轻易刻动。另据报道，市场上还发现有人工点缀、绘画的"雨花石"。此类赝品大多具有真雨花石的底质，只是原本缺乏艳丽的色彩或图案，为了增加它的观赏性，便人为地加以点缀修饰。当然，这种人工绘制的图案或色彩，只浮饰在石的表面，不像天然的是由石头的内部透视出来的，因此，只要仔细观察当不难辨识。

其实，类似雨花石这样以色彩、图纹见长的天然砾石也可见于其他地区。现简介如下。

珠玑石：是一种产于山东长山列岛诸岛海边的彩色砾石。它大如鹅卵、小似钢珠，滚圆度极高，光洁美丽，有黄、白、青、红等色彩，也有多种色彩杂于一体，更有的似虎皮斑或菊花斑等。岩性多为石英岩质。系由距今 7 亿～8 亿年前生成的震旦系石英岩经长期海浪冲蚀搬运而成。因这种砾石流光溢彩，粒粒珠玑，故名。苏轼有诗序曰："每当潮落，珠玑铺岸，璀璨照人，迤逦东西，不见尽头。"

三峡彩石：也称为"三峡雨花石"。它产于湖北宜昌市三峡沿岸。由一些类

珠玑石

似雨花石的玛瑙质、蛋白石质和玉髓质砾石构成。它赋存于该地第四系全新统至更新统的河漫滩及河谷的一、二级阶地中。三峡彩石较南京雨花石有很大区别，它个体大、绿色多、质地杂、不透明。这些不同，有的成为一种缺憾，有的则成为优点。如质地杂，使三峡彩石内容变得更加丰富；个体大，使三峡彩石更具有稳重感；不透明，则使三峡彩石色彩更加真实；绿色多，使三峡彩石呈现的森林山水风光景石特别多。一些人认为三峡彩石的上述特点，成就了石中色彩的多样性，使这成为人见人爱的"好色之图"。

三峡彩石

6. 菊花石

菊花石是一种含有如盛开的菊花一般的放射状矿物集合体的岩石。

据湖南《浏阳县志》载，菊花石最初发现于清乾隆年间。相传当地乡民取石垒坝，在永河镇大溪河底岩石层中，惊诧地发现石中含有"菊花"，乡中石匠欧锡藩，如琢如磨雕制成砚，一时传为奇物，遂成贡品，被历代朝廷、官员、富商作为收藏、馈赠的佳品。1915年,在巴拿马万国博览会上,我国工艺大师戴清升之绝创的"映雪"花瓶、"梅、兰、竹、菊"屏风参展,令世人瞠目,拍案惊奇"石头能开花",一举荣获"稀世珍品金奖",至今保存在联合国博物馆。1959年,浏阳人民将一尊巨型立体雕件"石菊森山"呈献北京人民大会堂,供各族人民观赏。为庆祝香港于1997年、澳门于1999年回归祖国,浏阳人民特意创作了两件具有纪念意义的菊花石雕,分别献给了香港、澳门特别行政区政府。此外,菊花石在国宾馆、中南海紫光阁、中国工艺美术馆、湖南省工艺美术馆等都有收藏和展陈。

地质调查发现,菊花石有狭义和广义之分。狭义的菊花石以最初发现的湖南浏阳菊花石为代表。它们是一些含有放射状矿物集合体的碳酸盐质岩石,已知除湖南浏阳外,也产于陕西、江西、广西等地。广义菊花石则泛指所有含有放射状矿物集合体的各种岩石,其中既有像浏阳菊花石那样的沉积成因岩石,也有变质成因和岩浆成因岩石,如北京西山菊花石、广州花都菊花石等。现分述之。

(1)浏阳菊花石。外表呈青灰色,里面有天然形成的白色菊花形结晶体,看上去很像自然界的菊花。其中的"菊花"部分,"花蕊"由肉眼难辨其晶粒的微晶矿物集合体构成,并有单蕊、双蕊、三蕊和无蕊(实际上不是无蕊,而是过于微小难辨)的区分。"花瓣"由一个个长菱面形晶体构成,并围绕中心呈放射状排列。花朵的大小不尽相同,大的可达15厘米以上,小的一般在5厘

浏阳菊花石

米左右。在分布上也疏密不一,有的在 1 平方米范围内仅有 1~2 朵,有的则可以有 10 几朵或 20 朵。从岩石学角度而言,浏阳菊花石是一种主要由方解石组成的碳酸质岩石——石灰岩。它形成于大约 2.7 亿年前的二叠纪早期(地层时代为二叠系栖霞组)。在它由水下沉积物固结成为石灰岩的过程中,原本分散在沉积物中的二氧化硅,逐渐聚集凝结成为星散在岩石中的燧石(SiO_2)质结核。这些燧石结核后来又成为岩石中硫酸锶的凝聚结晶中心。硫酸锶(矿物名称:天青石 $SrSO_4$)是一种晶形为针柱状或板柱状的晶体,因此,其放射状集合体便呈现出花朵状的面貌。天青石集合体形成以后,由于地质环境的变迁,致使其

菊花石雕"龙球"

为庆祝澳门回归祖国和澳门特别行政区的成立,湖南省人民政府向澳门特别行政区赠送礼品大型菊花石雕"龙球",这是湖南省工艺美术研究所高级工艺美术师袁耀初等五位专业技术人员花一年的工夫精心雕刻而成的。

石雕的整体由内球、外球和座架三部分组成。龙球采用极其稀罕珍贵、湖南特有的菊花石作为原料。总高度 99.12 厘米,寓意澳门在 20 世纪的 1999 年 12 月回归祖国。内球为"二龙戏珠",用深浮雕手法饰以两条龙纹。外球为"五龙腾飞",用镂空工艺雕刻出五条形态各异的腾空飞跃之龙,象征祖国蒸蒸日上,繁荣昌盛。座架为"二龙捧球",用高级红木饰以两条巨龙,寓意中华民族胸怀全球,放眼世界。作品整体形成九龙合一,再加上九朵晶莹剔透的天然菊花石参差其中,象征九九归一,澳门回归,喜迎新世纪的到来。湖南有"芙蓉国"的美称,"龙球"的底托为三层盛开的芙蓉花,基座四周为波浪图形,寓意三湘四水的湖南人民对澳门同胞的深情厚意。作品以中华民族的图腾——龙为基调,凸现民族精神,整体上圆下方,符合中华民族天圆地方的理念。

"龙球"球中套球。旋转自如,充满动感,无论从工艺、造型还是整体效果,都是菊花石雕刻史上的里程碑

陕西菊花石

逐渐被碳酸钙（即方解石）所替代。由于这一替代过程是逐渐且缓慢的，所以替代后仍保留着天青石原来的晶形（矿物学称之为"假像"）。因此我们现在看到的"菊花"，已不是原来天青石的集合体，而是呈天青石假像的方解石的集合体。

（2）陕西菊花石。产于陕西省汉中市宁强县巴山区毛坝河、关口坝、照壁山一带，是1977年发现的陕西新石种。它分布于与浏阳菊花石相同的二叠系栖霞组地层中，故也是一种石灰岩。该菊花石属天青石型，在深灰或黑灰色的基地岩石中，散布着呈浅灰或浅灰带褐色的、由天青石或方解石的放射状集合体构成的"菊花"。花形轮廓完整，菊花的花蕊明显，多由黑到灰黑色的燧石结核构成。花瓣以天青石为主，多呈多层状，具立体感，多时可有50瓣左右，且结晶相对粗大，有的花瓣瓣面可宽2.5～4毫米，甚至更宽，长度大于10厘米。花形多为圆球形和蝴蝶形，也有凤尾形。花朵直径一般较大，有的可达30厘米，粗犷豪放。惜花色与基质对比度不强，通常需作适当加工（给基底上色、涂黑）。总之，它以花形好、花朵大为特征。

（3）江西庐山菊花石。产于江西庐山，是一种具菊花状构造的含碳泥质灰岩或高碳页岩，原石呈透镜状，产于庐山地区二叠系茅口组（比栖霞组的形成年代较新）底部高碳页岩中。"菊花的花蕊"由稠密浸染的燧石、方解石和黄铁矿组成；"花瓣"由呈文石假像的白色方解石组成。花朵大小不一，一般12～18厘米，个别可大于30厘米，与黑色底质对比清晰。花形有的大瓣重叠，有的如丝如针，有的如蜂似蝶，或群集竞艳，或一花独放，极具观赏价值。其特点是花蕊较大，并时见有微晶黄铁矿的金属反光。

庐山菊花石

（4）广西菊花石。主要分布在桂北至桂东的二叠系栖霞组中至上部，产地包括武宣、象州、来宾、三江至临桂二塘及黔江上游一带。已查明含菊花石岩系最厚达312米，含菊花石层10层，累计厚75米，单层厚3.1～12.7米，产"花"层普遍含有机质和生物碎屑，如蜓、蜿足类、有孔虫、海绵、珊瑚等。菊花石花朵直径2～42厘米，一般小于15厘米。花蕊由燧石构成，花瓣与浏阳的不同，部分由碳锶矿（$SrCO_3$）构成。又据研究，其形态有8种：

① 圆形。花瓣长短均一，围绕花蕊均匀散射，构成圆形花朵，其形态与菊花相同。花瓣、花蕊基本位于同一基准面上，二者界线分明。

② 扁圆形。花瓣长短不一，组成规则的扁圆或椭圆形花朵，其他与前者相似。

③ 杯形。花瓣以30°～40°的倾角围绕花蕊作二度空间散射，形成中空边凸的杯形花朵。

④ 花蕾形。花瓣以陡倾角（＞60°）围绕花蕊同一方向放射，组成形似含苞待放的花蕾。

⑤ 蝴蝶形。花瓣长短不一，以花蕊为中心，向三度空间散射，组成形似蝴蝶的集合体，外观上则看不见花蕊。

广西菊花石

⑥ 飞鸟形。花瓣以花蕊为中心，主要沿两个侧向放射，组成状似展翅飞翔的小鸟形体。

⑦ 盘形。花瓣以缓倾斜角度（＞30°）围绕花蕊向三度空间散射，形成似盘状或碟状花朵。

⑧ 不规则球形。花瓣长短不一，以花蕊为核心，沿三度空间散射，形成不规则集合体，外观看不到花蕊。

以上除圆形、扁圆形多沿层面分布外，其余均不规则散布于岩层中，花蕊与围岩间呈参差状接触，并有切穿岩石之泥质层纹或微细层理。

（5）广州花都菊花石。产于广州市花都区花山镇花城村菊花山东侧山坡表层地面。该石有黄心白瓣的清晰花朵，立体突起的白色条状花瓣，碎粒状的黄色花心，极像菊花；菊花图纹大如手掌、小如指甲，花朵形态完整，以乳白色为主，少数褐红色；花姿各异，有的相簇而成，有的大而独立。块体有大有小，可置于庭院或厅堂、案几观赏。花都菊花石为石英的放射状集合体，石中花蕊由破碎的花岗岩角砾构成，花瓣为半透明石英（水晶）呈放射状晶簇环绕花岗岩角砾而生，具典型的晶洞构造。无论从何方向将石劈开，均可现出花瓣晶莹剔透的逼真花朵。它形成于距今1.5亿年前的晚侏罗至早白垩纪时期，是在特殊地质条件下形成的。也就是说在其形成过程中，有大量二氧化硅热水溶液顺着花岗岩的构造裂隙活动，但在上覆围岩的阻挡下，二氧化硅溶液被封闭停滞在裂隙孔洞中，从而获得缓慢结晶的条件，形成了环绕花岗岩角砾的放射状晶簇，构成菊花花瓣。由于角砾的原始形状不同，致使其花蕊有的为方形，有的为三角形等。此类菊花石因由硅质矿物构成，故硬度较高，一般为7级；缺点是相对较脆，并因个别角砾脱落，而留下孔洞；另外，菊花与底质的对比度也略显不足，但独特的立体黄白色菊花图纹较显珍贵，颇具观赏价值。

花都菊花石

花都菊花石发现于清代以前，具体时间尚不可考。但自发现以来，这种奇石就以其图案的美丽、奇特，吸引了文人墨客和奇石爱好者在内的四方游客。据史料记载，该菊花石在清朝已成为朝廷贡品。

(6) 北京西山菊花石。产于北京西山红山口菊花石沟及周口店等地，是一种由红柱石构成的菊花石，分布于石炭系碳质板岩的接触变质带，是富铝的黏土质岩石受热变质而成的产物。岩石基底为黑色，密集分布着灰白色、褐色或浅红色的放射状红柱石集合体，从而构成菊花状的图案。每个花瓣则是一个红柱石晶体，它呈径宽约2毫米的长柱状，中心常含碳质。红柱石是一种铝的硅酸盐（$Al_2[SiO_4]O$），它具玻璃光泽，硬度7~7.5度，优质的透明或微透明的红柱石可用于磨制刻面宝石。惜这里的红柱石达不到宝石级的要求，因此只具整体观赏的价值；且由于石质较松疏，故也很少被用于工艺雕琢。

北京西山菊花石

锂蓝闪石菊花石

(7) 锂蓝闪石菊花石。这是一种由锂蓝闪石的放射状集合体构成的菊花石观赏石。由锂蓝闪石构成的菊花，一般直径为2~5厘米，最大可达10厘米，并主要沿基岩的片理面不均匀地分散分布；花蕊和花瓣突起，边部清晰、明亮。又因基岩为绢云母石英片岩，故基底可见闪闪发光的绢云母小鳞片和丝绢光泽，宛若印花丝绢而颇具特色。该石产于新疆稀有金属伟晶岩外接触带的早古生代变质岩中，应是岩浆作用晚期伟晶岩形成过程的后期，富锂的碱性溶液沿片理和裂隙交代石英二云母片岩的产物。此类菊花石因锂蓝闪石比较罕见、产量有限而相对珍贵。缺点是岩石胶结相对松脆，硬度也较低，小刀可轻易刻动。

综上所述，菊花石是一种包含有某种矿物放射状集合体的岩石，从其材质来说，可大致地将其分为两类：一类主要由碳酸岩质岩石构成，是许多传统的著名菊花石的来源，如湖南浏阳菊花石、陕西菊花石、江西庐山菊花石等属之。此类菊花石基底结构相对致密，硬度则较低，便于作进一步的工艺加工，产量也较多，是市场上最常见的品种。另一类则由硅酸盐质岩石构成，如广州花都菊花石、北京西山菊花石、锂蓝闪石菊花石等。它们的硬度有高有低，胶结则通常相对松脆，不宜作进一步的加工，仅宜作整体的观赏，并因产量相对稀少而受人们的珍爱。

菊花石是奇石中的著名品种，深受人们的喜爱，但由于多年开采，资源日趋紧缺，优质者更是稀少。自然产出的有的残破不堪、风化严重，易损易破；有的清晰度不高、色泽阴暗、不易辨认，收藏、观赏价值不高，市场售价自然也十分有限。这就使一些人为了追求高额利润，便采用各种手法进行作假，企图以假乱真、以次充好来蒙骗顾客。读者宜主要从七个方面注意有无作假。

① 注意花形和花色有无人工加工的痕迹。已知它们是可以用化学或物理方法加以改变的。当然，菊花石也和菊花一样有多种颜色，但一般来说，用化学方法改变过的易碎易损。

② 作假者使用一些化学或物理的方法将材质疏松的石材加固，但一般只加固了表面，这样就用低劣的材料冒充了上等材料。

③ 作假者利用人们仰慕菊花石而又不懂菊花石的心理，用其他的石花哄骗顾客。一般来说，其他的石花形状不像菊花，花瓣倒是更像树叶，人工痕迹较强，从背面也看不出花瓣的延伸部分。甚至有的石花全部都是人工雕琢而成的。

④ 有的石材或菊花本身有缺陷，作假者就用漆或其他的颜料加以涂抹，掩盖其缺陷。一般使用的是黑色颜料或黑色漆、灰色颜料或灰色漆，然后再加清漆。这时可根据其色泽是否自然天真加以判别。

⑤ 作假者将真正的菊花石拼接在其他石材上或拼接在同质石材上。这种情况，仔细观察一下就可辨别。或可将整块石头浸泡在水中，然后取出，观察有无相对不易干的湿缝存在，再看湿缝两侧的岩石是否一致。如不一致，那就是拼贴的了。

⑥ 菊花石的花心是菊花石的灵魂。菊花石上的菊花如没有花心或者花心是另外加上去的，其艺术性和价值都会大打折扣，因此，无心或人工假心的菊花石就只能算二等品了。无心，一眼即可看出，虽然有的无心菊花仍然非常漂亮，但还是算有缺陷。若是人工加上去的假心，其材质一般是会和花瓣大不一样，

颜色也会有显著的差异，其形状也不太自然，仔细看也可辨别出来。

⑦ 作假者在普通石灰岩或大理岩上，人工雕刻出花朵模型，然后用研磨成色的白色大理石粉末掺胶充填雕刻出来的花朵，再对其进行打磨抛光。为了让花朵更加凸显，通常会对底板作着墨处理，并在石的表面涂抹一层清漆。鉴别此类伪品，可用放大镜仔细观察花瓣。这时，常可发现它具有粒状结构，而不是由晶体构成的。

7. 大理石

大理石，常被用作"大理岩"的同义词。在地质学中，大理岩被定义为是一种经历一定程度变质作用的碳酸盐质变质岩；也即它是石灰岩、白云岩和泥灰岩等以方解石（$CaCO_3$）、白云石$[(Ca,Mg)CO_3]$为主要组成分的碳酸盐质岩石的变质产物。不过，在石材业界，大理石也常被用作硬度相对偏低（一般硬度在2～4度之间）的建筑石材的泛称。这时候它不仅包括碳酸盐质的岩石，也包括一些泥质岩石，而且也不一定是变质岩，也可以是沉积岩。关于这些问题，因不属奇石的范畴，我们就不再予以赘述。

其实，大理石一词，原指产于云南省大理市点苍山一带具有绚丽色泽与花纹的石材（因此它也被人称为点苍石）。由于此类石材的色泽与花纹常可构成一幅幅天然的水墨山水画或人物形象画，所以自古以来，就常被人们用于制作画屏或镶嵌画。

据考证，点苍山正宗大理石的开发大约始于唐朝南诏国时期，也许还更早一些。一千多年来,曾在这里发掘出若干绝世的奇石精品。如唐宰相李德裕"平泉庄醒酒石"；明朝万历二十七年（1599年）云南地方政府进贡给朝廷的"春云出谷、泰山乔岳、神龙云雨、天地交泰……"奇石四十棱（块）。又如明崇祯十二年（1639年）我国著名地理学家徐霞客在大理净土庵见到奇石并被他描述为："一方为远山扩水之势，其波流潆折，极变化之妙，有半舟庹尾烟汀漳"；另"一方为高峰叠嶂之观，其氤氲浅深，各臻神化"。他还曾二度察访过大理清真寺"古梅石"。再如清朝道光年间云贵总督阮

大理点苍石"云海翻腾"

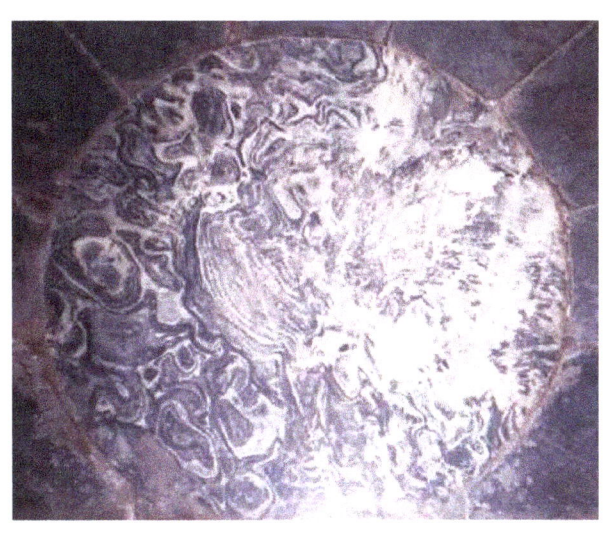

现存于北京天坛祈年殿的"龙凤呈祥石"

"龙凤呈祥石"面积为88.5平方厘米，圆形，属于大理石中比较常见的黑白花形。但其神奇之处在于：粗略一看，石面仅见很多黑白相间的花纹，可是细细观看就会发现画面十分神奇，石面中部是一只头向下、尾向上、翅膀张开的凤凰，而凤凰的周围是一条头向上、身体忽隐忽现的龙，越看越像，越看越神奇。

据祈年殿工作人员介绍，这块大理石大约是在明嘉靖年间大理上贡给皇帝的，由于石面上有天然的龙凤呈祥图案，所以被皇帝珍视为吉祥宝物。于是在1545年初兴建祈年殿时，就把它作为镇殿之宝镶嵌在大殿中心地面上。

据说原来的大理石面上的图案比现在的清晰，但1889年9月18日祈年殿因遭雷击起火被烧毁，"龙凤呈祥石"也被烧出裂缝而变暗。此后，1896年，重建祈年殿又将"龙凤呈祥石"留在祈年殿中，一直到现在

元捐置于昆明翠湖公园的点苍"雪浪石"，其画意为"狂浪怒激雪花白，轩然大波矶上飞"、"挟风雨"、"奔雷霆"、"云气纵横"，一时轰动春城。还有民国时期云南省主席龙云收藏的"云中龙"石等，因战乱、天灾人祸，上列这些奇石均已失传。幸有少量遗留至今的大理点苍奇石，有的已列为国宝。如明朝永乐十八年（1420年），云南地方政府进献给朝廷直径约0.8米的"龙凤呈祥石"，历经500多年，依然龙飞凤舞，栩栩如生，镶嵌在北京天坛祈年殿内。又如清朝皇家收藏于承德避暑山庄的4块挂屏，每块镶嵌方、圆各一方大型点苍奇石天然山水画，依据不同画意，分别点题为"樵岭寒云"、"秋岚初霁"、"晴峦翠霭"、"丹嶂苍崖"、"秋山新雨"、"云烟叠嶂"、"翠微斜晖"、"海岳浮云"等。再如民国初年发掘，现保存大理喜洲田庄宾馆的珍稀奇石"双猫嬉球图"等。

正由于点苍石图案绮丽、意境深远，所以向为人们所推崇。宋代的释云岫曾有诗赞道："紫陌红尘城子裏，清泉白石乱云中。一般门户无喧寂，花鸟不来心境空。"清康熙举人李孔惠在《点苍石》一诗中写道："席荐平泉聊醒酒，屏

障高座漫娱宾。"表明了几个世纪以来，它就一直是人们点缀高雅艺术殿堂的首选。延至当今，尽管被人们发掘出来的奇石品种林林总总，不胜枚举，但大理点苍奇石仍然是世界上有名望的一流奇石馆、博物馆不可或缺的收藏珍宝。

据地质研究，点苍奇石的母岩形成于距今约12亿～15亿年中元古代的"特提斯古海洋"（当时介于南北两大陆之间的古地中海）中。正是在这个"特提斯古海"中，沉积孕育了大理奇石的母岩——石灰岩、白云岩和白云质灰岩，以后又经历多次激烈的地壳构造运动，使古老的点苍山原岩经受了强烈的区域变质作用和热接触变质作用。在这些变质作用过程中，不仅原岩中原始物质组成发生重结晶，以及某些组成分的迁移与调整，而且还断续有来自外界的铁、锰、铜、铝、硅等物质的渗入，遂形成了"色备五彩"的多种不同矿物，如绿色的变质矿物绿泥石，黄色的金云母，红、赭色的赤铁矿，黄、褐色的褐铁矿，黑、灰色的有机质，以及因锰元素的混入而产生的玫瑰色，铜元素的混入而产生的绿、蓝色等。更由于岩石中所含的这些有色矿物数量多寡不同，分布不匀，就使岩石呈现出深浅不同、复杂多变、五彩缤纷的多种色调，并组成了不同色彩的条带、

大理点苍石"石猴出世图"

现收藏于大理白族自治州博物馆的"大理石珍品馆"。它长与宽均为1.2米左右，画面正中是一个侧面而立的栩栩如生的石猴——孙悟空形象。石猴四周则为似流云、如浪涛的混沌世界，活生生一个"石猴出世"景象。

据介绍，这块大理石是一个开采大理石的白族石匠发现的。当他锯开一块大理石，并将石面打磨光滑后，只见两半石面上各有一只活灵活现的石猴子，是他有生以来从未见过的天然大理石精品。在大喜过望后，他即将其中的一块石料击毁，使剩下的一块成为"独一无二"的奇石

纹理、团斑，最终形成了千奇百怪、绚丽多姿的花纹图案。如同经画师精心描绘、加彩和修饰而成的幅幅画作。难怪明代的刘之微会赞之曰："善画者不能图，疑若地下有匠心者为之"，真乃神工也！

大理点苍石在奇石的分类中，属于纹彩石

大理点苍奇石

左：江山如画。右：江南春早

中的类画石。其实类似这样以纹彩类画见长的大理石，从其产地而言，并不限于大理点苍山一带，已知还有另外一些产地。现简介如下。

索玛石：产于四川大凉山越西县的一种彩色大理岩。其质地细腻，光洁度良好，具有黄、紫、绿、粉红、灰、黑等10多种色纹，并构成形形色色的画面，因此也和点苍石一样常被人们选作画屏。据报道，20世纪80年代，曾有一幅面积仅为0.4平方米、被命名为"峡谷明月"的索玛石画，标价竟高达10万元。

邳县石：产于江苏邳县的一种大理岩。与点苍石类似，也以富具不同的彩色花纹，并可构成某种图案为其特点。

颜神石：产于山东淄博市博山区（古称颜神镇）的一种彩石，故也被称为博山文石或淄博文石。据山东赏石家认证，它是《云林石谱》所载青州石的一支。

颜神石

左：纹彩石"奔鹿"。右：景观石

颜神石就其物质组成而言，是一种形成于5亿~5.7亿年前古生代寒武纪时期的泥质灰岩。它常具有华美的纹理，可磨制成具有奇幻瑰异天然画面的装饰石和工艺品。如用其制成的山水四扇屏《山明水秀》，在20世纪90年代初售价高达上万美元。颜神石不仅纹理绮丽，而且又因岩石纯度不均，形成差异溶蚀和风化，使其形成大小不同的孔窍、壑沟，因此也常可直接构成具"瘦、漏、皱、透"特点的各种造型石或景观石。

8．九龙璧

九龙璧，又称茶烘石、梅花石和华安玉。是一种由硅质沉积物经热力变质作用而形成的岩石，地质学中称之为"角岩"。它形成于1.8亿~2.0亿年前的三叠纪地质时期，主要分布在福建九龙江流域的漳平、华安、南靖和长泰等地。它质地细腻坚硬，硬度7~7.8度，磨光后具十分良好的光洁度；更由于岩石中富含镁、铁、铜、锌、铬、锰、钴、钼等20多种杂质元素，故常具斑斓的色彩和形状各异的条纹，自古就有"绿云"、"红玛瑙"之称。加之千百万年来，在湍急的九龙江水的不断冲刷、拍击、滚动、磨洗的作用下，又造就成千姿百态、斑驳离奇，集柔美、秀美、壮美、雄美于一身的奇石，具有较高的观赏、收藏及实用价值。早在唐宋年间已被列为贡品，史料《龙溪志》记载，明时就有玩石者采九龙璧作为藏珍，清时犹盛，现北京故宫博物院也有其珍藏。

九龙璧

九龙璧

赏石家们认为，九龙璧蕴涵丰富的文化内涵，意韵丰富，蕴涵深刻，其质美，美在坚贞雄浑；色美，美在五彩斑斓；纹美，美在构图逼真；形美，美在造型奇巧；意美，美在意味深长。其中蕴含的天地灵气、日月精华，无比奥妙神奇，只可意会，不可言传。因硬度、密度高，吸水率几乎为零，故产品遇水后不变色、不易附着污物，使用中不易产生划痕，这是一般奇石所不能比拟的。

九龙璧非常奇特，在流水喷泉之中，九龙璧会幻化出多种色彩；在阳光下，干燥无水的九龙璧颜色内敛，不刺目，显得沉静；在阴天里，九龙璧或碧绿、或紫红、或青紫、或脂白、或古铜、或金黄的多姿色彩，让人一扫沉闷，心情为之开朗。洒下水，九龙璧的色彩，会从无到有、从浅到深，不断变化，令人觉得九龙璧精灵之神奇。精美的九龙璧，用它的色彩在歌唱。这种因时、因水而变幻色彩的特性，是其他石种所难以企及的，让人赏心悦目、心旷神怡。九龙璧的另一独特韵味，是有玉质感。它似石非石，犹如硅质碧玉，五彩斑斓，嵯峨万象，其自然美和沧桑感也是其他岩石所无法比拟的，是石中一绝。赏石家们还认为，在目前众多石种中，像九龙璧这样有玉质感的并不多，故其堪与戈壁玛瑙、雨花石等媲美，而九龙璧中的精品还可在质地之外配合色彩、纹理、造型的变化，更加精彩动人，理所当然备受赏石家们的喜爱。

九龙璧的图案构成有4种类型：由色差构成、由纹理构成、由纹理和色差兼容构成、由浮雕构成。在色彩上，九龙璧以复色为多，含有浓淡深浅不同的绿以及灰、姜黄、黑、紫等，尚有少量的古铜、浅红、白、藏青等色。九龙璧的纹理千变万化，有平行纹、水波纹、皱纹、云纹等。色彩与纹理又常常交融在一起，构成多姿多彩的画面。每件产品表面都可构成一幅幅的抽象画。再加上浮雕的出现，更使九龙璧图案精彩纷呈，增添了更多的内涵和美感。

九龙璧

左：醉罗汉。右：人间仙境

九龙璧还有造型美。一般来说，摩氏硬度达7度以上的高硬度石头，在造型上很难有大的变化，九龙璧却似乎是个例外。它有各种人物、动物、景观、植物乃至几何造型，体量大的可超过10吨，小的则可在掌上把玩。在九龙璧的象形石中，以山形石最富特色。其石形变化大，能体现山形特有的峰、峦、丘、壑等要素。远山、近山，高崖、平湖，全景、局部景，都可在九龙璧中觅得踪迹。九龙璧景观石体现了自然山水之美，意境深远，颇具画意。

人们还认为，九龙璧，论形，它不如灵璧石、太湖石变化丰富；论色，它不如彩陶石、大化石明艳亮丽；论质，它不如戈壁玛瑙、雨花石那样玉润宝气；论纹，又没有大理点苍石、松屏石深刻生动。但将"形、色、质、纹"综合起来看，九龙璧却有它的独特韵味，乃为"综合素质第一，全能之冠军"。

九龙璧这些特殊肌理的产生，来自两个方面的原因：一是地壳运动导致条带状硅钙质角岩产生强烈的扭曲，表现出一种有序的张力美、地质美；二是经千万年的激流冲刷，将质地较软的钙质等部分掏去，而将质地较坚硬的硅质留下，便形成了凹凸明显、沟壑纵横的肌理。这些肌理的存在，便有如国画中使用了"皴法"，艺术味道很浓，视觉效果很好。有人说：肌理变化是九龙璧的性格！一些赏石家认为，这是对九龙璧特色的精到概括。在其他的石种中，很难见到这样丰富的、富于表现力的肌理。九龙璧的肌理，有些强劲饱满、富于张力；有些则褶皱遍布、沧桑古朴。欣赏九龙璧，也就在自然之美以外，领略到了一种艺术之美，体味人力与天工的相互印证，似乎也从中找到了人类艺术的一个源头，于是这一独特石种，便有了一种自然与人文相互创造、互相启迪的特殊意义。

此外，据研究，九龙璧含多种对人体有益的微量元素，经常盘玩、摩挲可使其所含微量元素被人体皮肤所吸收，可蓄元气，养精神，使精神舒适，有益健康。

九龙璧的优劣主要是从其颜色、质地、水冲度等方面来衡量，其外表颜色以碧绿、铜黄为佳；质地细腻、水冲光滑者为上品。与一般的古董、手工艺品相比，九龙璧更便于藏存，且不易造假。更由于九龙璧是近年才开始走俏市场，价格被严重低估，上升潜力巨大，具有极高的投资价值。5年前100元就可从农民手里买到的一块九龙璧，现在动辄要1万多元。一些精品的价格更是一路看涨。据报道，目前九龙璧在韩国、中国台湾地区也出现很大的市场，新近还出现欧美买家光顾的身影。如今，漳州的水仙与九龙璧已同时名扬海内外。尤其是大型的山形九龙璧，山峦起伏、意境深远，颇有收藏价值。但收藏此类石先要看清是否是经过人工切割的，若是经过人工加工，身价便明显下跌。需要注意的是，玩水冲石最好要玩天然的，玩山石允许少许清洗、修理，但不允许雕琢。

9. 红水河石

红水河是广西著名的滩多流急大河之一。它位于广西壮族自治区西北部，为西江上游的别称。其上游为南盘江，在贵州省望谟县与北盘江汇合后称为红水河，下游与柳江汇合后称黔江。因流经红色岩系地区，河水呈红褐色，故名红水河。红水河全长638千米，流经高原、低山和丘陵，其上游主要为三叠纪的硅质粉砂岩或硅质凝灰岩，中下游主要为石炭纪、二叠纪的石灰岩或经不同程度硅化变质的碳酸盐岩。沿途群峰峡谷，河床深邃，主要险滩有50余处。如此湍急的水流、独特的沿河地质地貌孕育了独具神韵的红水河石。如上游的天峨石，中游的大化石、彩陶石，下游的来宾水冲石、大湾石等石种，在中国藏石界中占据着非常重要的地位。现简介如下。

（1）大化石。又名岩滩石、彩玉石。是20世纪90年代以来发现的新石种，也是目前市场交易最为活跃的石种之一，因产在河池市大化县岩滩的红水河段而得名。

据考察，大化岩滩红水河段之所以能奇迹般地产出众多为世人瞩目的奇石，应与红水河所处的地质地理环境有关。广西赏石协会会长张士中先生认为，红水河地处地质学所述的华南准地台的西南部，各时代的地层发育齐全，沉积物种类多，变化殊异；火成活动多期，致地层岩石受到不同程度的蚀变，硅化程度较高，有利于形成各种类型的奇石。再者，大化岩滩红水河产石区正是处于岩滩电站坝首下游处，河水落差大，水深为30~60米，水流量大，对石体冲刷力强；河床下水沙激流、水势变幻莫测，地形复杂多变，使石体有良好的水洗度和形成润泽的石肤，有利于岩石破碎后形成形态各异的石形。大化石的采石区红水河段在洪水期的含砂量是30%，不难想象在长达2.6亿年的日日夜夜、分分秒秒不停的冲击下，怎能不出现令人叹为观止的鬼斧神工的精妙之作。

大化石大多含硅量高，玉质感强，硬度6～7度；并由于岩石受水中铁、锰等多种矿物致色元素浸染，多为一石多色，呈现金黄、褐黄、橘黄、橘红、深棕、棕红、黄绿、翠绿、灰绿、灰褐、赭石、陶白、石铜等色彩，并伴有黑色草花纹，艳丽古朴，色韵自然，温润如脂，光洁莹润，柔中透刚。有的表面显油脂光泽，似釉瓷彩陶；有的质感凝重、古朴典雅；有的表面闪烁着珠光，极富宝气，绚丽诱人；有的纹理饱满，组合自然，变化有序，清晰而具有韵味，显出中国画的神韵。在造型上多为层状结构，常见嵩岳云岗或璋台危岩等景貌，雄浑大气，变化无穷。具象者少见，尤其是人物形貌更是稀贵。

大化石以欣赏其玉化的质地与丰富的色彩为主，也即以"形、色、质、纹"为赏石标准，是中国奇石的后起之秀。1997年它刚面世时，由于当时的石市以"赏形"为主，而它则因在形方面的欠缺，以致没有引起足够的重视。稍后举办的1999年和2002年的柳州石展，一件件质地温润、石肤光洁、色彩艳丽的大化石展示在全国石友面前，终于引起赏石界的广泛关注。随后，赏石理论界及媒体及时跟进，并提炼出"形、色、质、纹"的赏石新概念，打破了传统"皱、瘦、透、漏"的赏石观念，使延续了千年风风雨雨的赏石文化理论终于找到了突破口，使赏石标准有了新的解释和补充，也更加丰富和完善，成为新的赏石潮流。"形、色、质、纹"具备的大化石也因此成为广西红水河石的代表。

据调查，孕育大化石的岩滩镇河段长约6千米，范围有限，且多潜藏在水下，采石区水深30～60米，河床下水沙激流，地形多变，打捞难度很大。从开发出的大化石看，无论大到10～20吨的巨石，或小到20～30克的小石子，无不都具有石质坚硬、硅化或玉化程度高，石形奇特、千姿百态，花纹图案变化

大化石

大化石

无穷、色彩艳丽和谐悦目等特点。由此可见,大化石的风雅、气质、神韵都达到了非凡的境地。所以,它一露面便轰动广西,誉满中华,影响遍及全球。身价也平步青云,1块10～15千克重的大化石,少则几百元,多则千元甚至万元以上。过吨的大化石,则卖到几万或几十万元不等。至于那些10～20吨的巨石,其价更高达一两百万元。

大化石的走红,使一些人为了追求高额利润而采取各种手法进行造假。据报道,大约从2002年底开始出现了打磨石。其手法大致有以下几种:

粗加工:粗坯加工分局部加工和整体加工。局部加工:对原石残缺面或水洗度不够的"死面"进行粗坯打磨。一般是把残破的尖锐部分磨圆,或把"死面"的一层粗糙表皮磨掉。整体加工:一些经敲击取下或毫无水冲度的块状原石,则全部将石表磨掉,再磨制成大化石特有勒层状、宽面平台状等,其底部则大多切割平整。这种打磨后的石体为难看的哑光灰白色,但上油之后颜色便转为淡青、淡黄,通体色泽一致,花纹毕露。

细加工:细加工一般可分以下几个步骤。①精磨:用1000#～1200#进口磨片研磨,将粗坯上的原磨痕完全清除掉,有经验的工匠们大都采用"注水磨"的方法,可以很好地掌握磨的分寸。②抛光:用软磨具加抛光膏进行机械抛光,抛光后可使表皮达到镜面效果。③喷沙:局部打磨的一般会进行喷沙处理,以保持与周围石肤的一致性。整体打磨也有喷沙的,这样可形成比较自然的石肤效果。④涂油:涂油本来是保养石头的手段,在大化石的造假中,却成为不能缺少的一环。一般是涂抹凡士林。造假者经过反复实践，探索出日光曝晒下涂抹的方法。这样油被"吃"进石体不易干枯，形色和花纹能保持得久一些。

广义的大化石可再分为：狭义大化石、摩尔石、梨皮石3小类。

① 狭义大化石。一般有暖黄色和冷绿色两大色系，被赏石界分别总结为"宝气"和"清气"。它的主要特点是色彩斑斓、石质坚硬、石肤腻透、富有宝气、形态万千，水洗度好，表面润滑，手感好，光泽强，颜色鲜亮。大化石不愧是观赏石中的奇葩，名石中的珍品。一些人认为，它集有中国绝大部分观赏石中所具有的几乎全部优点，如雨花石、九龙璧的坚硬润滑；合山彩陶石的细腻、光洁；灵璧石和广西来宾草花石的图案花纹变化多样，内涵十分丰富等。同时，它还具有其他观赏石比较少有的浮雕式的图案及奇特的外形。大化石的这些特点，使其深受国内外奇石爱好者和藏石家的盛赞与青睐，并争相购买和收藏。大化石从1997年被发掘出来之后，目前的资源也越来越少，一件完整的大化景观石的价位在短短的几年内出现不断升值。专家提醒收藏者，在收藏大化石时，除了石形的完整之外，一定要看它颜色是否丰富，其次就是石头的玉化程度如何。

② 大化摩尔石。是一种独具艺术特征的奇石，因其造型风格近似于英国著名的现代雕塑大师亨利·摩尔的作品风格而得名。也即由于在长期的河水冲刷下，使其线面的构型呈现出抽象的形态美，仿如独具慧根的现代雕塑。广西境内已知有两地产有类似的摩尔石石种：一种产于以彩陶石遗迹闻名的马安县，叫作素陶石，因其色彩单调呈深浅墨绿色而得名；另一种产于武宜县，叫作青椒石，形体颇具概括性，也具雕塑感。主要表现为大圆面、大线条、造型诡谲、棱线粗钝。

 大化摩尔石

以上 2 个石种各自的造型特征存在着细节上的差异，却又有着异曲同工之妙。整体表现形式和自然物象都具有类雕塑意味，只是产于大化县的大化摩尔石更显造型豪放、意蕴张扬的艺术个性。摩尔石的出水量相当少，由于一段时间内被海内外藏家大量收购，现在石种资源告罄，极难觅到好品相的摩尔石了。

③ 梨皮石。为远古时期火山喷发岩浆凝固后形成的玄武岩，质地坚硬细致，硬度约与花岗岩相当，经过千百万年的湍急水流冲刷后，肌理光润，呈铁灰色或黑色，具有金属般的光泽。由于石皮上面带有粗细不等、颜色各异的颗粒斑点（地质学称之为斑晶），像是梨子的表皮，故而得名。就梨皮石的斑点特征而言，有粗细两种，俗称大花和小花。大花梨皮石的斑点通常为白色（长石斑晶），略为凸起，像是缀在甜点上的白芝麻，立体感很强，粗犷质朴，视觉上显得凹凸有致，起伏变化较为丰富，颇具阳刚之美；小花梨皮石的斑点既有白色也有金色（云母斑晶），其中又以金色为贵，藏家称之为"金梨皮"，形态艳丽富贵，色彩斑斓，非常悦目耐看。故在石玩市场，小花梨皮石的价格也要比大花梨皮石略高一些。梨皮石之大者，高逾数米，重达数吨之巨，但有具象形态者很少见，乃是以赏玩石形为主，讲究气势巍然雄浑，意态端庄，浑圆自然，协调而有韵致。小梨皮石的形态则丰富多姿，玲珑可爱，如球，如瓜蔬，衬以石皮上或粗或细、或密或疏的斑点，具有一种特殊的美感，有很高的观赏价值。大、小梨皮石，各有不同的审美意趣。

梨皮石最大的特点是表里如一。也就是说，梨皮石表面的斑点，不管是大花还是小花，因为都是来自岩石本身的天然斑晶，所以颜色和形状与石心部位都是一样的。这一特点，也为一些不良石商所乘。因为梨皮石的硬度很高，大石出形不易，为了使自己的梨皮石能卖出一个好价钱，一些不良石商便采用打

梨皮石

磨的方式,对梨皮石进行人为加工。如在形态较为普通的大梨皮石上钻出孔窍,使之具有"透、秀"的审美效果;或在石上磨出凹槽,使之看上去像是天然水流冲刷形成,从而提高售价。如果藏家欠缺经验,或疏于察看,就有可能买到被加工过的梨皮石。奇石之美,贵在其不可复制性。所以,工艺品与天然石,两者的价值是不可同日而语的。毕竟再精巧的工匠,在自然这位大师的面前,都是拙劣无比的。

(2)彩陶石。又名马安石。主要产于广西合山市马安村红水河河床中,是广西八大名石之一。该石是深潭中的卧底石。据考察,彩陶石的原岩是距今2.6亿～2.8亿年前晚古生代(地质界称"海西期")时期,由于中酸性岩浆爆发,形成大量火山灰沉积到海里,并与海水中的二氧化硅胶体及黏土共同沉积,形成的沉积凝灰岩。续后在距今2百万～3百万年的第四纪时期,因地壳运动而露出地表面,并被红水河含泥沙、卵石的急流长期冲磨、侵蚀、改造而成。故岩石大多以具有互层状共生构造的沉积硅质粉砂岩或硅质凝灰岩为主,岩性细腻致密而坚韧,硬度约5.5;颜色常为鲜绿、灰绿、棕黄、褐黄和黑色。除单色釉石外,也有双色叠覆成一体的,被称为鸳鸯石。正因其石色冷暖兼有,故称之为"彩";再因水洗度甚佳,光润似玉,具有瓷器的釉质感,遂有"彩陶"之名。石体形状多为块状,并以多边形的几何形体居多,常见矩形、菱形、多边形、叠层形、台阶形等稳定而多样的特殊石形;也常有高低错落的方圆角。已知有绿玉石、黑釉石、黄釉石、棕釉石等多个品类。彩陶石水洗度很强,表面光滑细腻,各种矿物组成的颜色鲜亮,一般以豆绿、灰、墨色为常见,而以绿色为上乘;惜其外形变化较小。彩陶石发现至今不过10多年,但因资源量较小,目前已濒临枯竭。

彩陶石还可细分为合山葫芦石、绿彩陶、合山鸳鸯彩陶、合山黄彩釉石、合山摩尔石、合山草花石、大湾石、来宾水冲石等品种。

彩陶石

① 合山葫芦石。皮质细润，釉面厚实、典雅，富有质感，色彩鲜明，观赏上以形、色为主，因其色似葫芦瓜花色而得名。因"葫芦"与"福"、"禄"谐音，所以意为福气、财气。从色彩上分，葫芦石还可分为花葫芦石、金葫芦石和素葫芦石。其中，以花葫芦石和金葫芦石为上品，又以皮色光鲜靓丽、造型优美、层次多、方圆水冲沟槽深、水洗度上佳、成形难度大为极品。

② 绿彩陶。也称合山绿彩陶石、绿玉石。它通体青绿色、皮质细腻，仿佛上了一层青绿色彩釉，光彩照人，含"福、禄、寿"三星高照之意。观赏该类石主要是那诱人的青绿色，对造型并不刻意追求，能到达浑圆、稳重、大方即可，若能加上优美的造型，那便是个中极品了。

绿彩陶

③ 合山鸳鸯彩陶石。为黑色石种与淡青色或铜黄色有机结合在一起，通常黑色石结合于石体上部或底部，因成石多为两种石色，故名"鸳鸯石"。若两面黑色中间夹带金黄色石的，叫金边鸳鸯石；若石皮呈古铜色，古色古香，庄严稳重，釉面光彩照人，则称黄鸳鸯石；若以淡青色为主，称青鸳鸯石。它们典雅清爽，耐人品赏。鸳鸯石以四周沟槽深、层次多、纹路清晰、水洗度好为个中佳品。

④ 合山黄彩釉石。以其石皮似古代瓷器的铜黄釉，古色古香，釉面光彩照人见长。它与黄鸳鸯石的区别，在于它不夹或很少夹杂其他颜色，而且往往自然成形较多。黄色有尊贵之意，所以该类石又象征着财气、吉祥。

⑤ 合山摩尔石。该石变化大，造型巧妙精美而深受石友的喜爱。该石的观赏点以"漏、透、奇"和肌理变化为主，以品其韵味。合山摩尔石与产于大化岩滩的大化摩尔石，虽则同出一母（红水河），但它们在质地、皮色、肤质、

 青鸳鸯石"虎啸崖"
 黄鸳鸯石"仙客"

形态、韵味等方面上却有所不同。合山摩尔石，底部多是平的，约占其中的八九成，它们虽厚薄各异，却多呈板状。石面肌理多类似于地表、月球的凹凸起伏，微波轻泛。皮质细腻，表面有纹。好的合山摩尔石，带有几种颜色，常见的有泛青色、黄色、类红色等，不一而足。而反观大化摩尔石，观赏点则主要着眼于它们线条的柔美、块面的变化。大化摩尔石的石肤有十分细小的毛孔，它们的石皮不是十分明显，整体块面变化极具美感和抽象的雕塑韵味。可以说，合山摩尔石和大化摩尔石是一棵树上开出的两朵花儿，只不过它们的气质、姿态、香氛有别罢了。

⑥ 合山草花石。该石的特点在于石面有自然形成的草花图案（这种图案在地质学中称为"模树石"，也常见于其他岩石）。岩石经河水冲刷自然形成，图案无半点人为加工。该石观赏并不刻意追求造型，而以色彩清新、草纹对比分明、水洗度好、细腻光洁为上品。

 合山摩尔石

⑦ 大湾石。产于柳州地区红水河畔的大湾村附近而得名。大湾石与产于红水河的其他石种不同的是，产

合山摩尔石

于红水河的其他石种多为被水冲蚀形成,又未经长途搬运、滚动的水流冲石,而在大湾村附近河滩出现的却是多经过长途搬运、滚动,具一定滚圆度的卵石,而且普遍是拳头大小的卵石。由于大湾石石质好——硬度高、结晶颗粒细腻、表面水洗度好、多含玉化底质;色彩多样——赤、橙、黄、绿、青、蓝、紫样样都有;造型丰富且优美——人物、动物、山形、景观、画面、抽象、禅石种种具备;种类多元;赏石家常把它们再细分为卵石、彩色卵石、花纹卵石、油性卵石、玉化卵石、竹节卵石、石英卵石等名目繁多的品种。它们在20世纪90年代初就成为了奇石界的香饽饽式的"小品王",多年来一直承担着中国奇石界小型精品石的特殊贡献者的角色。

大湾石

来宾水冲石

⑧ 来宾水冲石。又称来宾石。产于广西柳州来宾县境内的红水河中。该石质地坚实、细腻，石肤光滑，常有金属光泽；色泽古朴沉稳；纹理清晰、构图巧妙；整体石形显得稳重大方，具有特殊美感。来宾水冲石品类繁多，其中以纹石较为珍贵。如迁江（现改为来宾市兴宾区）的黑色密纹石、金钱纹石，蓬莱洲的疏纹浮雕石，黄牛滩的黄色龟裂纹石等。纹石又可分为细纹、线条纹、粗纹、层叠纹、云纹等多种。来宾水冲石以碳酸盐质岩石为主，内含有燧石结核，为燧石灰岩和灰岩；有纯黑、灰黑、土黄、褐、墨绿等色，以黑、褐、墨绿色居多，其中黑色最为常见。也有由含硫化矿物的石英脉岩构成，硫化矿物因风化淋蚀，仅留下其硅质脉岩，千疮百孔，再加上湍流亘古冲蚀、沙石磨砺，致表面细润光洁，有独特的水洗度及光滑湿润的手感；形态富于变化，有象形、景观、抽象、奇巧等不同类型。有些水冲石一面光滑，另一面则呈道道划痕，显得凹凸有致，石中纹路细密舒展合度，或飘逸灵动，或深沉古朴，恰似寓意悠远的画卷。

Ⅰ 卷纹石。系来宾石的一种。该石质地坚硬，色彩斑斓，形态奇特，石皮光润，表层有卷状纹理，故名。卷纹石有灰、绿、黄、黄褐、古铜、黑等多种色泽；石上纹路风卷云舒，清晰可见，有的纹理明显凸起，弯环转折，象形者极为逼真。其肌理凹凸有致，变化多端，极显沧桑感和韵律美，有较高的观赏价值。卷纹石的原岩形成于距今 2 亿～3 亿年前，为薄层状沉积岩，风化后呈现出层纹，以粗线条纹理多见，细纹者少有。

Ⅱ 来宾黑珍珠。产于广西来宾县红水河的蓬莱洲，又称蓬莱石。为成岩水冲石，属硅质凝灰岩，色多为墨青色，质地坚致细密，肌肤温润滑腻，表面疙疙瘩瘩，形态千变万化，景观、象形、抽象类皆备。尤以色黑如漆、黝而有光为佳。黑珍珠是柳州奇石中的一大代表性石种，它质地纯净，色调庄重朴实，手感滑腻，石肌突出圆浑，富有雕塑感，较之灵璧（磬）石具有硅化程度高、难以加工等优点，是新派供石中黑石的首选石种。

Ⅲ 天峨石，原直称红水河石。产于广西河池市天峨县红水河中。该石为河床中的水冲卵石，质地细滑光洁；外形多呈卵状，为浑圆、扁圆、椭圆形；色彩或斑斓陆离，或素洁雅致；纹理或平或凹或凸；构成的图纹形象奇逸古拙，意境深远，似版画，如浮雕，自成天趣。故天峨石实为天然图纹石中的佼佼者。天峨石的原岩蕴存于2.2亿年前以三叠纪为主包括石炭、二叠纪在内的地层中，其上覆有一层火山凝灰岩。岩性以黄色、灰色、灰白色、粉砂岩为主，并有灰岩、

卷纹石

来宾黑珍珠

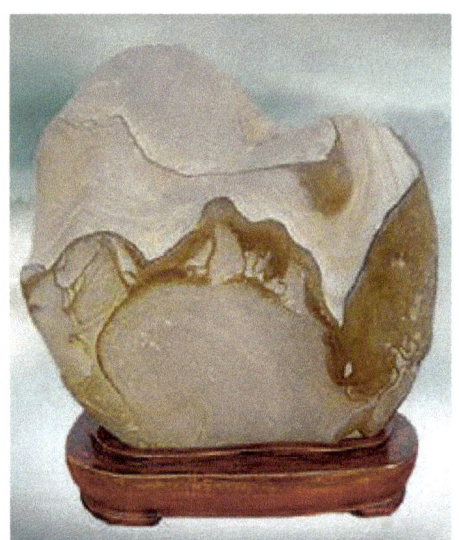

天峨石

白云岩及硅质岩等。岩体石块经红河水漫长年代的冲刷、雕琢，成为石纹凹凸显露、反差鲜明的观赏石；加之在漫长的岁月中又受铁、锰等有色金属离子的浸染，致使其又形成染色晕纹和不同色纹，使其更加赏心悦目。

　　天峨石以纹理图案取胜，并可区分为平纹石和凸纹石（也称浮雕石）两品种，但都属河床中的卵石类。平纹石纹理多为浅褐、黄褐、褐棕色，基质为浅黄灰、灰白色；凸纹石的纹理较深，多为深褐、褐黑、棕黑等色，基质为黄灰、浅灰蓝色。灰白色，往往在凸纹周边有浅色色晕，纹底色反差大，更突现其纹理。这些纹理往往形成一些文字、人物或景观。由于是凸纹，加上纹理色深，色彩反差大，观之有浮雕画的感觉。而其凸纹，往往粗细、曲直、长短千变万化，细细品赏，其内涵丰富，况且从不同角度观之，其纹理构成的图像不同，有的物象形似，有的又很抽象，而有的含蓄，富有神韵，令赏石者浮想联翩，不能不为那花纹奇妙、反差鲜明的浮雕石、图纹石所倾倒。它那凹凸显露、组合有致的线条，或纵横交错，或白云飘渺的图案，或三笔两笔勾画形象，点染主题，既像一幅幅简洁明快的速写，又像一幅幅"现代抽象画"，令人目悦、意惬、陶醉。另一种以奇特诡异、造型别致见长的"墨石"，更令人称奇叫绝。这种石，质地致密，乌黑透亮，形态富于变化，境界高古幽深，神运脱俗超然，有一种虚灵的秀气。

10. 戈壁石

戈壁是蒙古语的音译，在蒙古语中是沙漠、砾石荒漠、干旱地方等的意思；在中文里又称之为瀚海沙漠、戈壁滩、戈壁沙漠。戈壁是世界上巨大的荒漠与半荒漠地区之一，它绵亘在中亚浩瀚的大地上，跨越蒙古和我国的广袤区域。大多数戈壁地区不是沙漠而是砾石遍布的裸岩区域。戈壁石即指产自戈壁地区的砾石或转石。

戈壁石，又称风棱石、风砺石，主要是一些因风沙吹蚀、磨蚀作用而形成的砾石。习惯上人们称新疆戈壁滩上的戈壁石为"风棱石"，内蒙古沙漠里的沙漠石为"风砺石"。其实它在我国的内蒙古、宁夏、新疆、青海等地均有产出。它们由于分布于广袤的地质条件不尽相同的戈壁地区，原岩种类复杂，致形成的戈壁石也有多种不同的物质组成。但质地较软的岩石在千百万年来的风沙侵蚀下，大多难于保存下来，所以戈壁石多为质地坚硬的硅质岩，按其矿物岩石成分可区分为玉髓、玛瑙、石英、碧、蛋白石等。它们通常色彩绚丽，硬度7度左右；大小不一，以小型多见。戈壁石与来自河床、阶地的水冲石不同，它通常棱角清晰，凹凸峥嵘，皱漏兼备，造型粗犷，手感滑润。戈壁石是继柳州红水河石之后观赏石家族中涌现出的新秀，它质坚如玉，造型变幻，五彩纷呈，而且皮壳特别润朗，具有特别的视觉和触觉效果。当今藏石界有"北大漠、南大化"之说，北大漠就指大漠戈壁石（包括风棱石、风砺石）。戈壁石不仅具有大化石、雨花石的斑斓色彩，太湖石、灵璧石的奇特造型，也有钟乳石的天工造化、文石的神斧鬼工，还有九龙璧的硬度，彩陶石的凝重。总之，它以卓尔不群的丰姿走进了观赏石家族的行列，并且大有后来居上之势。

戈壁石

戈壁石

　　戈壁石之所以惹人喜爱，首先因为它质地上乘。它多为玛瑙质或碧玉质，坚硬细密，光滑圆润。这是几千万年来的大漠风沙吹蚀的结果，把表面吹得光滑细腻；并且由于它不像水冲石那样在河床中几经翻滚、搬运，而是常停滞在地面，致其向风面受到强烈吹蚀，背风面的侵蚀程度则相对较低。更由于风向的季节性变化，以及因岩石本身物质组成的不均匀性，致较软的部分被吹蚀挖空，留下质坚的部分，这就使其常形成棱角分明、凹凸起伏的造型。再者，戈壁荒漠地区，由于地下水上升，蒸发后常在石体表面残留一层红棕色氧化铁和黑色氧化锰薄膜，使其像涂抹了一层油漆（地质学称之为"沙漠漆"）。另外，由于戈壁地区非常干旱，地下水中矿化度很高，不仅有各种盐类，也溶解有高浓度的氧化铁和氧化锰。这些含盐量高的水分在蒸发时会被停留在地面上的砾石所阻挡，从而在砾石底面形成许多露珠状的水点。同时，荒漠中的石头十分干涸，拼命吸收，就使这些矿物质不仅仅停留于石头表面，也进入石内一定深度，形成各种美丽的画面，似城郭，如山水，以及像各种生物体形状的图案石。当砾石被戈壁风暴掀动，又使其暴露在风沙之下，几经研磨，就使画面更加细腻，韵味十足。

　　概而言之，戈壁石的主要特点可归纳为以下4点：①质地坚硬，主要由玛瑙、玉髓、碧石、燧石、石英等硅质矿物构成；②与来自河床、阶地的水冲石不同，它不具有滚圆度，而以具有明显的棱角，凹凸峥嵘，富有风蚀的大小不等的孔

戈壁石

左：寿星。右：向阳红

洞为特征；③它的表面，尤其是直接暴露在空气中的表面，会有一层如漆一般的包层（即所谓的"沙漠漆"）；④大多具不同程度的红棕、赭褐、黑褐的表面色（只有那些几乎不含铁、锰的岩石，可呈现为乳白色或黑灰色），这是在沙漠干旱的条件下，岩石中所含的铁、锰质在强烈的阳光下氧化的结果。总之，戈壁石成因复杂，地理、气候条件特殊，致其外形变化多端，奇特丰富，飞禽走兽，人物景观，应有尽有，能满足不同需要。加之戈壁石五彩缤纷的色泽，也是它令人赏心悦目的原因。一般的石头摆在地摊上几百元，几十元，甚至几元都有，而那些造型逼真、优美的玛瑙、碧石等，常叫价十几万元、几十万元，甚至几百万元等也时有耳闻。最能让人兴奋的是，戈壁石中常常能出现"黑马"，在地摊花上千元、百元、甚至几十元，一转手卖了几万元、几十万元是常有的事。收藏戈壁石应以形态越逼真为上品，可不论其尺寸之大小。

20世纪70年代以来，在各类收藏中有相当数量的赝品充斥市场，使人们防不胜防。奇石作为一种人们喜爱的藏品，自然也未能幸免。特别是质地较软的奇石，也常见有经人打磨、做假仿造、以酸碱浸泡腐蚀等手法处理制作的赝品，然而自然天成的大漠戈壁石，却因它的质地坚硬、表面有各种颜色的沙漠漆（或称之为天然"包浆"）而难以做假，因此它就更成为爱石者的宠儿。一些年来，台湾和南方等一些地区的收藏家更是大量收购，致使它的价格直线上升。经过一二十年的掠夺性开采，目前地表上具有较好观赏价值的戈壁石已寥寥无几。为了满足市场需求，采石者开始掘地三尺，向地下要石。但在茫茫戈壁滩上掘取宝物，犹如大海捞针，谈何容易。即使偶有所获，其品质与地表经过风沙打磨过的戈壁石相比，也逊色很多。所以，戈壁石的价格每年都在大幅度上涨。

以上较扼要地介绍了在我国奇石市场上深受人们关注和喜爱的10种著名的造型石和纹彩石。显然这不是我国已知的此类奇石的全部，而仅仅是此类奇石中的杰出的典型代表而已。事实上，我国此类奇石的品种何止千百计，可说是难以胜数，其中也不乏极具特色和鉴赏价值者。但限于篇幅，我们不可能对它们都作出一一的介绍，敬请读者谅解。

（三）化石类奇石

化石是远古时代生物的遗体、遗物（如粪便、古石器）、遗迹（如足迹、虫孔）转化而成。尽管在长达几十亿年的漫长的地质历史时期里，地球上曾经生活过难以计数的各种生物，但它们死后能转化成为化石保存下来的是十分稀少的。据说一般只有几万分之一，而且大多还残损不完整，所以，化石类奇石普遍非常稀缺。化石根据其保存方式的不同可分为：实体化石、遗迹化石、模铸化石、化学化石、半化石、假化石和标准化石等。

实体化石： 是由生物遗体本身保存而成的化石。它们大多是由生物的硬体部分，如动物的介壳、骨骼、牙齿，植物的茎、根、叶、果等构成；只有在极少数情况下，如密封、干燥、冷冻情况下，也可保留有某些软体部分，如动物的肌肉组织、羽毛，植物的花卉，甚至完整的生物体。保存在西伯利亚冻土层中的猛犸象和琥珀中的昆虫，就是在特定条件下保存下来完整个体的典型。

模铸化石： 或称铸模化石。一些远古生物死后被掩埋在沉积物中，当沉积物固化时便会形成一个以该生物为核心的印模，这就是模铸化石。比如当我们剖开某个含化石岩层时，常会看到剖开岩石的一面留有实体化石，而它的上覆岩石则留有该化石的印模，即它的模铸化石。这种模铸化石通常被称为"外模"。此外，在另一些情况下，保留在地层中的生物实体化石，有可能被后期活动的地下水所溶蚀，从而仅留下一个空模，或溶蚀后的空穴又被泥沙所充填，形成由泥沙构铸的模型，也称模铸化石。但与前者不同，它被称为"内模"。模铸化石是一种十分常见的化石保存类型，它对于研究不具硬体的古生物，以及那些由于种种原因而未能保存为实体化石的古生物来说，都是极具价值的旁证辅助研究材料。

遗迹化石：也称痕迹化石。这是一些由生活在地质历史时期里的生物，在其生命活动过程中遗留下来痕

由泥沙构铸而成的模铸化石

迹或遗物保留而成的化石。如足迹、移痕、虫孔、潜穴等痕迹，以及粪便、体内结石、古石器等。

化学化石：是指保存在地层中的，由于生物体发生分解而形成的各种有机物。如由生物体的蛋白质分解后产生的各种氨基酸等。化学化石肉眼一般无法分辨，需要在实验室里使用尖端分析技术才能发现它的存在，这对于我们奇石收藏者来说，显然无法予以辨识，因而也就缺乏欣赏和收藏价值。

遗迹化石——足迹

半化石：也称"亚化石"。指保存在晚近地质年代、石化程度较低的生物化石。如有些木化石，虽部分已石化，但仍保留有局部的植物的木质部分。

假化石：有两个含义：一是指当今市场上，一些人为追求高额利润，采用各种不同的手法而故意制作出来的、用于蒙骗爱好者的赝品化石；二是指一些天然产出的、粗粗看来好像是化石，但实际上它不是任何生物的遗体或遗物，也不是任何生物作用产物的奇石。其中最常见最著名的假化石是模树石（模树石是地质学的名词，在奇石界常被误称为"草花石"），它看起来很像是某种植物的枝叶，但实际上它却是含铁、锰物质的气液在沿地层中的层面、节理面、劈理面等裂面活动时凝结、沉淀出来的产物。就像冬天凝结在玻璃窗上的冰花一样。此外，硅华、石灰华、僵结石等也常被人误认为是化石。此类假化石虽然没有古生物学上的研究价值，但它具有一定的造型和呈像，因此，从奇石收藏的角度来说，还是有一定观赏价值的。需要避免的是，不要把它当做化石来收藏，以免贻笑大方。

假化石

左：石灰华。右：模树石

标准化石：指那些在地质学中能用于确定地质年代的化石。它们的特点是生活时间很短，且数量众多，地理分布很广，故宜于用它来进行地层之间的对比，判明地质年代。

化石来自生物，因此化石收藏者应该知道自己所收藏的化石是生物中的哪个门类。据生物学家统计，地球上已被人们作过研究、描述的现存生物共约155万种。若考虑到现存生物中可能还有许多（其中绝大多数是昆虫等较低等的生物）未被人们所发现，则现存生物的总数估计可达450万种之多。据此，根据物种兴衰、新种代替老种平均所需的时间来推算，人们估计自6亿多年前生物开始大发展以来，地球上可能存在的生物应不少于9亿种，更有人估计可能达到16亿种。那也就是说,对于化石类奇石收藏者来说,他所收集到的化石将会是如此庞大生物种群中的一种,显然,对于大多数非生物学专家的化石类奇石爱好者来说,不可能对化石的准确种属作出详细的辨别,但大的、粗线条的分类归属则还是应该有所了解的。这不仅是为了给自己的藏品以必要的标识和命名,更重要的是它可以让你知道自己的藏品在化石研究中的地位,它除了用于观赏外,还有哪些科学研究上的学术价值,以及在经济上价值几何。一个典型的例子是被人称为"哈勒姆标本"的始祖鸟化石。它于1855年在德国被发现,并被错误地误认为是一种小恐龙的化石,被人命名为"翼手龙",并长期以此名保存下来,直到100多年后的1970年,在对它进行重新详细研究以后,才确定它实际上是一具始祖鸟的化石。由于这在当时是第四件被发现的始祖鸟化石,其科学研究价值和经济价值自然比恐龙化石要高出许许多多倍。

所以,对自己的藏品究竟是什么,有一个比较确定的了解显然是十分必要的。为了能对自己的化石藏品的归类有所判断,我们有必要粗略地了解一下生物学的分类准则。

"哈勒姆标本"(曾被误认为是"翼手龙"的始祖鸟化石)

在生物学中，面对数量庞杂的生物种类，为了能将它们作出准确的归类，已建立起一整套的分类阶元系统。它包括了七个主要级别：界、门、纲、目、科、属、种。种（物种）是基本单元，近缘的种归合为属，近缘的属归合为科，科隶于目，目隶于纲，纲隶于门，门隶于界。随着研究的进展，人们发现原有七个级别还不够完善，于是分类层次又不断增加，单元上下可以附加次生单元，如总纲（超纲）、亚纲、次纲、总目（超目）、亚目、次目、总科（超科）、亚科等。此外，还可增设新的单元，如股、群、族、组等，其中最常设的是族，介于亚科和属之间。列入阶元系统中的各级单元都有一个科学名称。分类工作的基本程序就是把研究对象归入一定的系统和级别，成为物类单元。所以分类和命名是分不开的。

生物学名由属名和种名组成，学名后常附命名人姓氏，以标明来源，便于查找文献。分类名称要求稳定，一个属或种（包括种下单元）只能有一个学名。一个学名只能用于一个对象（或种），如果有两个或多个对象者，便是"异物同名"，必须于其中核定最早的命名对象，而其他的同名对象则另取新名。这叫做"优先律"，动物和植物学界各自制定了《命名法规》，所以在动物界和植物界间不存在异物同名问题。"优先律"是稳定学名的重要措施。优先律的起始日期，动物是1758年，植物是1820年，细菌则起始于1980年1月1日。

传统上，生物被划分为五界，它是由萨亨（Sahn）等于1949年提出的，即分为：原核生物界、原生生物界、真菌界、植物界、动物界。此外也有人，如库皮兰德（Copeland）主张分为四界：菌界（细菌和蓝藻）、原生生物界、植物界、动物界。

下面以大家熟知的家猫（*Felis domesticus*）这一种的名称为例，其分类系统和名称如下：

界　动物界　Animalia
　门　脊索动物门　Chordata
　　亚门　脊椎动物亚门　Vertebrata
　　　纲　哺乳纲　Mammalia
　　　　目　食肉目　Carnivora
　　　　　科　猫科　Felidae
　　　　　　属　猫属　*Felis*
　　　　　　　种　家猫　*Felis domesticus*

再以玫瑰（*Rosa rugosa*）为例，它在植物学中的分类系统如下：

界　植物界　Plant
　门　被子植物门　Magnoliophyta

纲　双子叶植物纲　Magnoliopsida
　　目　蔷薇目　Rosales
　　　科　蔷薇科　Rosaceae
　　　　亚科　蔷薇亚科　Rosoideae
　　　　　属　蔷薇属　*Rosa*
　　　　　　种　玫瑰　*Rosa rugosa*

鉴于生物的种类是如此之庞杂，因此要对每一种生物都作出详细的分类，显然是十分困难的。不要说是普通的爱好者，就是专业生物学家，如果不是他所熟悉的某一门类的生物，要对其他门类的生物作出准确的划分，也会感到十分的艰难。所以对化石爱好者来说，虽然应该对自己所珍藏的化石，究竟是什么生物有所了解，但可以不必苛求，不一定追求把它定到"种"这一等级，甚至能定到"科"或"目"也就不错了。

下面介绍几种当今市场上比较热门的化石，以供大家参考。

1. 三叶虫化石

三叶虫是一种海生节肢动物。主要生活在古生代（5.45亿年前到2.5亿年前），并以古生代早期的寒武纪（5.45亿年前至4.9亿年前）和奥陶纪（4.9亿年前至4.40亿年前）为最盛，志留纪（4.40亿年前到4.17亿年前）开始衰退，仅有少数属种遗存至晚古生代，个别属种则可延续到中生代2.05亿年前的三叠纪晚期，才全部灭绝。人们认为它有可能是现代蟹、虾类海洋节肢动物的远系祖先。

在生物学的分类中，它是节肢动物门的一个已灭绝的纲——三叶虫纲。所以它包含有众多的生物属种。但它们总的特征是，虫体大致呈椭圆形，背部由几丁质甲壳组成，背甲还被两条纵向背沟分为三部，即中轴和左右对称两肋叶，故称三叶虫；而且自前至后也可分为头、胸、尾三部分。其化石大多仅保存其尾部或头部，少见完整的个体。三叶虫主要营海洋底栖生活，也有部分在泥沙中生活和漂浮生活，世界上已发现10 000多种，我国已发现1 000多种。个体大小不一，小的不足1厘米，大的可近1米。

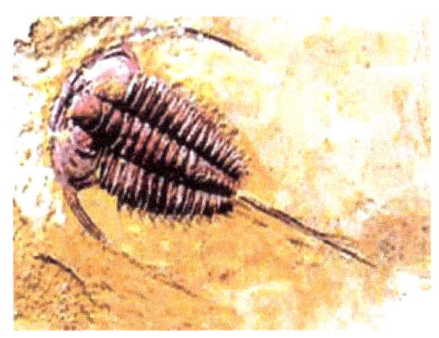

一个保存非常完整的三叶虫化石

三叶虫化石色泽古雅，姿质温润，虫体如燕，纹彩特异，富有天趣，故其观赏和收藏已有悠久的历史，人们曾称之为"多福石"、"鸿福石"、"燕子石"、"蝙蝠石"等。据记载，宋、明、清时代即有人把玩。宋人笔记中已有记载，明曹昭《格古要论》也有详细记述。

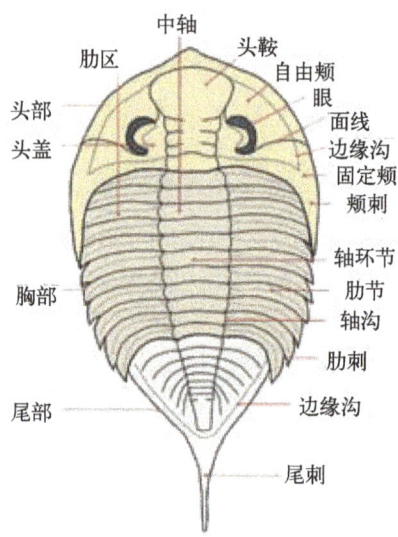

三叶虫虫体各部的名称

一种罕见的尾部有众多棘刺的三叶虫尾部化石

"蝙蝠石"（一种在我国北方晚寒武纪地层中常可看到的三叶虫）的尾部化石。周边有很多其他三叶虫的碎骸。

我国早寒武时代的标准化石——莱氏虫的印模化石

由众多的蝙蝠虫尾部构成的所谓"燕子石"挂屏

2. 珊瑚化石

珊瑚是一种海生无脊椎动物。在生物学的分类中，它属于腔肠动物门的一个纲——珊瑚纲。其生存年代，最早可追溯到古生代早期的寒武纪，并一直延续到现代。珊瑚全部营固着海底生活，并有单体和群体之分。早期的属种多为单体，以后逐渐演化为群体。群体珊瑚常繁衍累累，形成为珊瑚礁。珊瑚虫个体的体躯呈瓶状或管状，并有钙质的外骨骼，故易保存成为化石。软体的头部具有许多中空的可活动的触手（用于捕捉食物），外形似花，故有"花状动物"之称。珊瑚在地球上繁衍生存了5亿多年，属种繁多，其中有许多是地质学家用于划分地层时代的重要的标准化石。

人们对珊瑚化石的喜爱，也已有相当长的历史。我国考古工作者曾在甘肃齐家文化（公元前2000年～公元前1900年）遗址，发现有用珊瑚化石制作的古石器。足以证明早在古代，它那奇异的图案就已引起古人的注意和兴趣。另外，

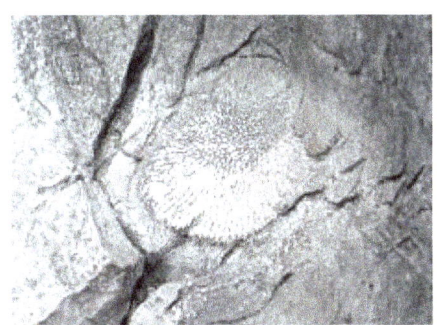
单体珊瑚的化石

单体珊瑚的横切面和部分纵切面

源自现代珊瑚礁的砾石

群体珊瑚化石

受后期矿物质浸染而呈现出美丽色彩的群体珊瑚化石

齐家文化出土的用珊瑚化石制作的工艺品

湘西一带产的群体珊瑚化石（由多角形珊瑚紧密构成），磨光后如龟甲、如鱼鳞，自明清以来就被人们用来雕制石龟和有鳞动物。

　　需要指出的是，笔者曾经注意到在某些已出版的雨花石图集中，竟也有把珊瑚化石的卵石当做雨花石的。这显然是一个不应出现的差错。雨花石如前面已谈到的，它是由玛瑙、燧石等硅质矿物构成的，并源自火山作用，与生物毫无关系；而珊瑚化石则是以方解石为主要组成矿物，是来自生物的遗体，两者风马牛不相及。如果真有谁能够找到被硅质矿物交代所形成的珊瑚化石，那必将成为奇货可居的珍品。

3. 海百合化石

　　海百合是一种海生无脊椎动物。大多营固着海底生活，也有少数营浮游生活。在生物学的分类中，它属于棘皮动物门的一个纲——海百合纲。海百合因外形似百合花，而有其名。海百合是地球上最古老的动物之一，最早出现于5亿年前左右，在2.3亿年前的海洋里到处都生长着海百合，少数还一直延续到现代。它的硬体可分根、茎、冠三部分，均由许多钙质骨板组成。冠部常呈球形或杯形，由交错排列的几圈钙质骨板构成，又可分为萼和腕两部分。茎由许多茎板叠置而成，长短不一，外形有圆形、椭圆形、五边形等，中心具大小不等、形状不同的茎孔。根据茎的这些形态可用于确定它的属种。通常在地层中保存最多的是它散落的茎板化石。并且它们常常和其他生物的碎屑共同组成生物礁灰岩。完整的海百合个体则相对少见，所以非常珍贵。那些个体完整、簇生在一起的海百合化石，酷似一幅天然的荷花艺术写照，栩栩如生，深受人们的青睐。我国贵州就产有众多形态完好的海百合化石，致使其成为当今奇石市场上人们竞相争夺的热门品种。据报道，一块长2米、宽1.2米的海百合化石，在2006年的转让价格就高达1200万，令人咋舌！又，广东省博物馆于2010年开馆，馆内珍藏了一块海百合化石，高3.2米，宽2.6米。据馆内相关工作人员透露：这件硕大的海百合化石是馆内最珍贵的一件展品，是镇馆之宝，价值约为8千万元。

硕大的海百合化石，可见由骨板构成的萼和茎的细节

簇生在一起的海百合化石

海百合化石挂屏

由海百合的茎部骨板和其他生物的碎屑共同组成的生物礁灰岩

4. 菊石化石

菊石是一种海生无脊椎动物。在生物学的分类中，它属于软体动物门头足纲的一个亚纲——菊石亚纲。所谓头足纲是因为此类生物的头部有环状分布的触手，用以捕食或爬行、游泳。现代海洋中的墨鱼、章鱼和鹦鹉螺就属于这个纲。它的特点是具有一个旋转的盘状或球状的外壳，壳面光滑或饰有纹、肋、瘤、刺等。其中反映体内隔壁与外壳衔接的所谓"缝合线"，常具有复杂的花纹。生活年代愈晚的菊石，其缝合线的形态也愈复杂。所以，它是人们研究菊石演化和分类的重要依据。菊石最早出现在下古生代晚期的早泥盆世（4.15亿～4.05亿年前），但一直到中生代（2.50亿～6550万年前）才广泛繁盛，但中生代末期便全部灭绝了。在这漫长的岁月中，菊石的体型有由小而大的变化。泥盆纪、石炭纪时，一般直径仅有7.5厘米，最大的也只有 35～60 厘米。三叠纪时个体在 20 厘米的普遍增多。侏罗纪时一般个体都很大,直径在 80 厘米,白垩纪时直径达到 120 厘米,最大达到 255 厘米。

菊石化石的纵剖面呈美丽的螺旋形,棕黄色,半透明,色如琥珀,闽、台一带民间认为菊石可以转运、行气,给人带来好运气、好风水,多喜收藏,室内成对摆放。个体硕大、色美者价高,精美者可称宝石级收藏品。目前市场上,视其品相的好坏,售价多在一百多元到两三千元。但有消息说,近期台湾市场上出售 70 厘米直径菊石切片,一对价值 800 000 新台币(约合 17 万人民币),不知此消息是否可靠。菊石收藏中有一种黄铁矿化的菊石,抛光后金光灿灿,甚是诱人。笔者估计如果价值 17 万元人民币的消息可靠,很可能是指这种美丽的黄铁矿化菊石。

显示复杂"缝合线"的菊石化石

可用作挂件的菊石化石切片

显示金光灿灿的菊石化石

黄铁矿化菊石

5. 角石化石

角石和菊石同属于软体动物门的头足纲。它归属头足纲中与菊石并列的另一亚纲——鹦鹉螺亚纲。鹦鹉螺亚纲的生物都具有一个长锥状、两侧对称如角一般的外壳。壳或直、或弯曲、或旋卷。根据壳的外形和体内构造的特征，可将其再分为若干个目，如爱丽斯木角石目、内角石目、珠角石目、直角石目、塔飞角石目等。这里所说的角石，主要是指具有直的或微弯曲、像牛角一般的角石类生物的化石，而不包括具有平旋或松卷状外壳的角石类生物（如塔飞角石目）的化石。角石全营海洋底栖爬行或游泳生活。它最早出现在下古生代的寒武纪晚期、奥陶纪时达到最盛，是奥陶纪地层对比的重要标准化石。以后便逐渐衰退，至完全绝灭（仅鹦鹉螺一直存活到现代）。

角石很早就引起人们的注意，并因其尖锥状，如塔一般的外形，被称为"宝塔石"。也曾被误认为是竹笋。如北宋诗人黄庭坚得到一块并不完整的角石化石后，爱不释手，沉吟良久，写下了中国历史上最早的吟咏角石化石的著名诗篇："南岩新归石，霹雳压根出，勺水润其根，成竹知何日。"在这里，他就错误地把角石误认为是竹笋了。人们还认为角石能够辟邪、聚财和使家族兴旺、事业节节攀高，而成为镇宅之宝。因此，它还常作为贵重礼品馈赠亲朋，寓意消灾驱邪和事业、生意兴旺发达。

角石在我国奥陶纪地层中有多处发现，其中宜兴三峡附近产有众多保存完好、体型硕大（一般可长达20～30厘米）的角石化石，成为人们热衷收藏的对象。

两根交叉的角石化石

用含角石石灰岩制作的石砚

6. 石燕化石

石燕在生物学的分类中，属于腕足动物门有铰纲石燕目的一个属——石燕属。但这里所说的石燕是广义的，它也包括了一些在外形上与石燕类似的一些贝壳类动物的化石（因为奇石爱好者不是古生物学家，很难对它们作准确的判断）。

石燕
左：正视。右：从铰部侧视

腕足动物全为海生单体动物，因其软体有两个旋卷的腕，主司呼吸和捕食。但最早研究时误以为是该类软体动物的足，故命名其为腕足动物。此类动物的软体外均被覆有上下两个钙质或几丁磷灰质的外壳，也即人们通常所说的贝壳。化石多仅保存其外壳。外壳的轮廓有近方形、圆形、卵形、三角形等；壳小的约长5毫米，大的可几十毫米，最大可达375毫米，常见的则在100毫米左右。严格定义的石燕，壳体一般较大，为40～60毫米。因其外壳呈扁横的三角形状，有两个向左右平伸的尖端，形似展翅飞翔的飞燕，故有石燕之名。我国北魏时期的地理学家郦道元就曾在他的名著《水经注》中描述，湖南省的祁阳有一座石燕山，因为出产一种形状像燕子那样的石质蚶子而得名。这种石燕有大有小，好像母子之分。当雷电风雨的时候，这种石燕就会像燕子一样上下飞翔。显然这是一种误解。在他之后就有多名学者对此进行了考查，并证实这是无稽之谈。

腕足动物早在下古生代初期寒武纪即已出现，上古生代达到全盛，是上古生代地层划分的重要标准化石，中生代大量减少，少数种类延续到现代。石燕类生物主要发育于上古生代的泥盆纪（4.17～4亿年前）和石炭纪（4～2.9亿年前），少数也可延续到中生代。

石燕是一味中药。药典中载：它性味甘，咸，凉；无毒；入足少阴肾和足太阳膀胱经；主治除湿热，利小便，退目翳；治淋病、小便不通、带下、尿血、肠风痔漏、眼目障翳等。

7. 昆虫化石

昆虫是节肢动物的一个纲——昆虫纲。成虫体分头、胸、腹三部；头部有触须一对；胸部分三节，每节生有左右对称的节足一对，故又名"六足虫"。昆虫最早出现在上古生代的泥盆纪，并一直延续至现代。昆虫种类极多，约占整个动物种数的80%，并广布于地面、土壤中、水中、空中。昆虫虽然数量众多，但因其个体一般较小，又无坚硬的骨骼，仅体表覆有一层几丁质的表壳，故很难保存成为化石。即使保存下来，也大多支离破碎，因此，个体完整、须翅皆存、体纹清晰的化石，便成为不可多得的珍品，极具科研和观赏价值。曾有报道说，1993年在美国市场上，一只完整的蚊子化石，价格就高达几千美元。

一只蜂类动物的化石

古昆虫的化石

蝴蝶的化石

品种不明的昆虫化石

古蜻蜓化石

5 000 万年前的蟋蟀化石

8. 鱼化石

鱼是脊索动物门、脊椎动物亚门中较低级的一类水生动物。在生物学的分类中，具有鱼这样外形的动物分属几个不同的纲，包括早期的无颌纲、稍晚的盾皮鱼纲、棘鱼纲，以及更晚出现的软骨鱼纲和硬骨鱼纲。

其中无颌纲始见于下古生代的寒武纪，繁盛于志留纪和泥盆纪。它们的特点是无上下颌，没有骨质的中轴骨，也没有真正的偶鳍，多数体外被覆有骨质的甲片。

盾皮鱼纲始见于志留纪晚期，泥盆纪最盛。它们已有上下颌及较发达的偶鳍，头部和身体前部被盖有骨板，后部裸露或披鳞。

无颌鱼化石

1999 年由西北大学舒德干教授发现的、被命名为"天下第一鱼"的生活在 5.3 亿年前的昆明鱼的化石

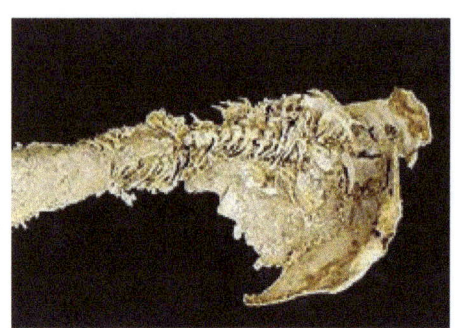

盾皮鱼化石

棘鱼纲始见于晚志留纪,至古生代末灭绝。它们是一种小型原始的有颌类,外形似鲨,故又称棘鲨,但与鲨无直接的生物学关系。其化石大多仅保存其鳍棘。鳍棘轮廓近三角形,上有纵列纹饰或瘤等。

软骨鱼纲最早出现在泥盆纪,石炭纪、二叠纪时趋于繁盛,并一直延续至现代。它是鱼类动物较高等的一类。特点是体内骨骼全部由软骨组成,体外披盾鳞或无鳞。

硬骨鱼纲最早出现在泥盆纪,现代仍极繁盛。它是鱼类动物最高等的一类。特点是体内骨骼多为硬骨,体外多披有鳞片,也有无鳞者。

如群鱼戏水图的鱼化石

鱼化石不仅以其栩栩如生的形象而具有很高的观赏价值，而且它还有喻示人生如鱼得水和年年有余的含义，因此成为人们馈赠亲友的佳品。据了解，目前市场上鱼化石的价格相差悬殊。主要影响因素有三：一视其生活年代的早晚，自然年代愈古老，价格也愈高；二视其保存程度的好坏，是否完整、清晰；三视其大小，体型愈大愈难保存完整，所以大而完整者价格就会显著趋高。目前，大多数价格在百多元到几千元不等。但从报道看也有高达几万，甚至几十万元的。

棘鱼化石（左图上角是它的复原图）

狼鳍鱼——一种活跃于晚侏罗世的硬骨鱼化石　　　　品种不详的鱼化石

9. 贵州龙化石

贵州龙是胡氏贵州龙的简称。它隶属脊椎动物亚门、爬行动物纲的幻龙目。最先在1957年由胡承志先生采集,并送交我国古生物学权威杨钟健教授鉴定。杨教授发现它是原始鳞龙类生物在我国,甚至在亚洲的第一次发现,便以最初采集者胡承志先生的名义命名为胡氏贵州龙。

幻龙是一种较早期的水生爬行动物,迄今在世界各地已发现有十余个属种,最大的个体可达1米以上,最小的也有几十厘米。胡氏贵州龙是幻龙中个体最小的,其最大个体约30厘米,一般20~25厘米,个别最小的(可能为幼体)

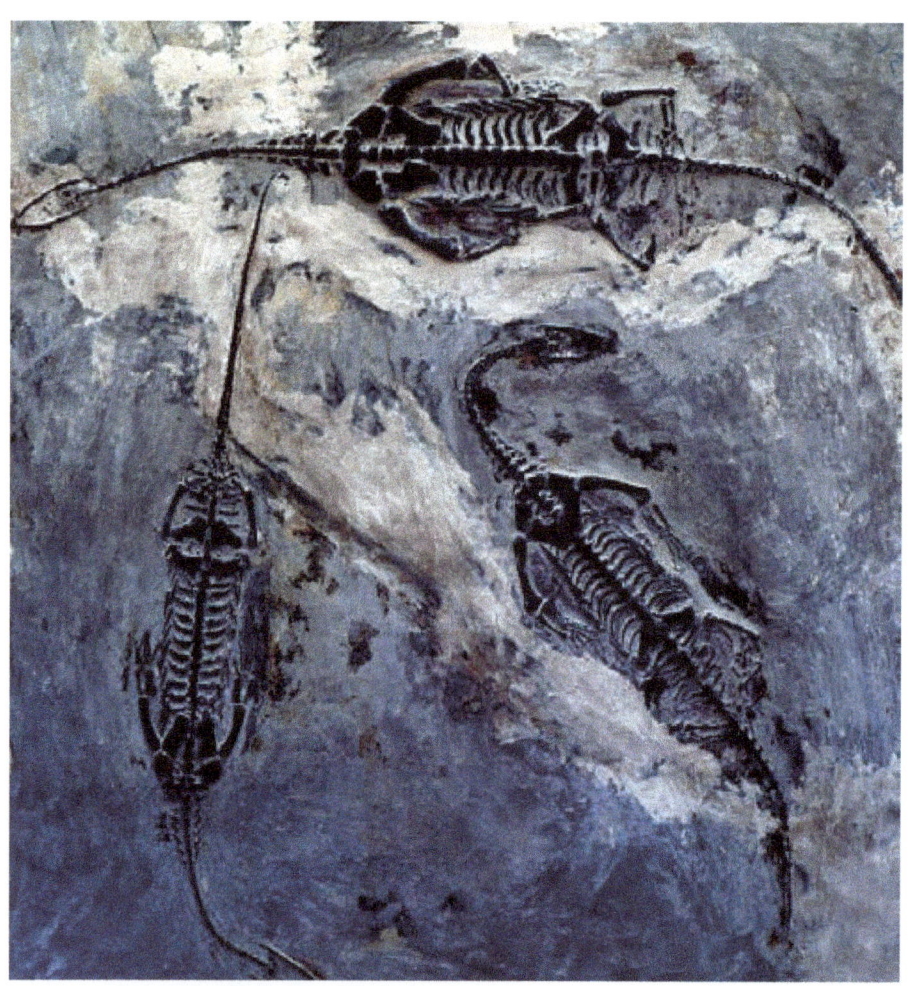

一块罕见的聚集有3条贵州龙的化石

仅 6.3 厘米。幻龙的产出时代，为 2.25 亿～2.05 亿年前的早至中三叠世；而胡氏贵州龙则代表了其较晚期的属种，即相当 2.1 亿～2.05 亿年前的中三叠世晚期。从化石产地（贵州兴义地区）看，该地在当时正处于碳酸盐台地生物礁边缘的后侧，是一个避风港。这里水浅、风浪小、阳光充沛、水质透明、温暖、盐度正常，极适宜生物的繁殖、生长，从而为我们留下了众多的可供观赏、收藏的化石标本。

贵州龙化石

贵州龙是当今化石市场上热炒的对象，其售价视保存情况的优劣，一般波动于一千元到五千元之间。需要注意的是，市场上不乏此类化石的赝品。它们有的是完全由人工雕琢而成；有的是局部为真化石，但保存较差，残缺不全，造假者就在此基础上人工添枝加叶地予以完善。另外，贵州龙属古脊椎动物，按照国家古生物保护条例是不允许买卖的。

10. 恐龙蛋化石

恐龙蛋化石最早（1869 年）发现于法国南部普罗旺斯的白垩纪地层中，当时找到的只是两块碎蛋片，还不清楚是属于什么动物蛋的化石碎片。后来，经过对蛋片进行显微结构研究，发现其显微结构与乌龟蛋相似，因此认为那两块碎蛋片是属于一种不知名的爬行动物的。事后不久，在法国南部白垩纪地层中，又发现了许多碎蛋片和一些大小不同、形状多样的完整蛋化石，蛋片的显微结构也与乌龟蛋相似，肯定也是属于爬行动物的蛋化石。那么，这些蛋化石是属于哪类爬行动物的呢？由于当时所发现的蛋化石直径比较大，有的直径大于 20 厘米，比乌龟的蛋大得多，在当时的爬行动物中，只有恐龙才能产下这样大的蛋，因此称所发现的蛋化石为恐龙蛋化石。此后，在世界上许多国家白垩纪地层内，又陆续发现了一些恐龙蛋化石。但直至我国河南省南阳西峡恐龙蛋化石发现之前，全世界仅发现不超过 500 枚的恐龙蛋化石，所以甚为珍贵。南阳恐龙蛋化石的发现引起了人们的极大关注，从而也在社会上掀起了收藏恐龙蛋化石的热潮。

恐龙蛋化石有卵圆形、椭圆形、扁圆形、橄榄形等；大小不一，一般 3～20 厘米；少数是巨型蛋，状如哈密瓜，长轴可达 50 厘米；一般可呈黑、黄、青、灰、褐、红等色。它的表面有一层几个毫米厚的蛋壳，蛋壳的外表面光滑或具点线

窝状排列的恐龙蛋

已可见有胚胎的恐龙蛋化石

恐龙蛋（有的蛋皮已破，有的中间剖开）

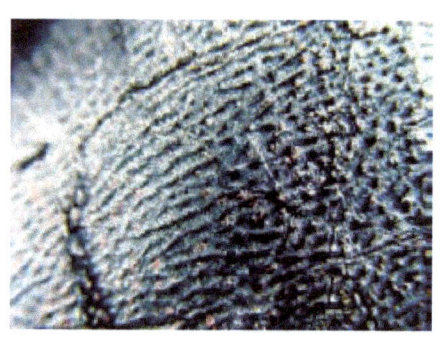
恐龙蛋皮的显微结构

饰纹；敲一块皮壳拿至鼻前，常可闻到一股淡淡的鱼腥气味。恐龙蛋化石多呈窝状堆积，排列有序。例如，在我国河南省西峡地区，每窝恐龙蛋化石一般有几个至30几个，甚至更多，已发现一窝恐龙蛋化石最多达79个。从恐龙蛋在地层中保存的完好程度来看，一般分为两类：一类是恐龙蛋壳化石；一类是完整的恐龙蛋化石。在完整的恐龙蛋化石中，有相当一部分含有胚胎。这些不同种类的蛋化石，显然应属于不同属种的恐龙，惜人们至今大多还无法确切地区分哪种蛋是哪种恐龙所产。目前，仅根据恐龙蛋本身的特征，我国恐龙蛋专家初步确定，南阳恐龙蛋化石可分为4科，8属，12种。人们还注意到不同恐龙蛋化石的蛋壳显微结构也不完全一样，而且它还随着地质时代的变化而显示出一定的变化规律。其中，蛋壳上气孔孔径的大小和疏密程度，就与古气候的干湿变化有关。在白垩纪末期恐龙走向灭绝时，蛋壳结构上也出现异常变化。因此，深入研究恐龙蛋壳的显微结构，可以为我们提供恐龙蛋演化和分类、古气候变化和恐龙灭绝原因等多方面珍贵的信息。所以恐龙蛋化石的发现和研究，对于揭示恐龙的繁殖习性、行为、生存环境和灭绝原因都具有重要的科学意义。其收藏价值自也无需多讲。

目前，收藏恐龙蛋化石已成为许多奇石爱好者热衷的项目，在这种情况下，假恐龙蛋也应运而生。据报道，市场上的假恐龙蛋大致有这样几种类型：①直接用天然产出的蛋状石结核（见右图），甚至河床中的蛋状卵石来冒充。鉴别这种假货相对简单，它们不可能具有蛋壳，更不可能拥有蛋壳的生物结构；倘若将其剖开，就会看到它的内部并无蛋应有的蛋黄、蛋清的分层构造特征。②造假者为了更具欺骗性，会在蛋状结核或卵石的表面贴上采集来的恐龙蛋碎皮。此时其表面虽然可见恐龙蛋皮的生物结构，但仔细检查会发现，这些蛋皮碎块之间的连接有不吻合之处，而且也可发现有人工黏结剂的存在（注意，造假者可能会在黏结处涂抹泥沙来掩盖，这时应把它刮去，检查泥沙下有无黏结剂）。③用人工陶瓷仿制的。显然这种假货也不会具有恐龙蛋应有的生物结构，而且它的硬度较大，小刀难以刻动。④用碎

一个内部由结晶物质构成的石结核

长在岩石上酷似蛋化石的石结核

恐龙蛋拼贴、黏结成一个完整的蛋。鉴别这种蛋，主要注意其结合部是否在泥沙之下有人工黏结剂的存在。

在结束关于恐龙蛋化石的介绍之前，还要强调一下，恐龙蛋化石是属于古脊椎动物化石，是受国家古生物保护条例保护的，不允许私自采掘，不允许买卖，更不允许携带出境。所以，爱好者们切勿触犯这些条例。

11. 植物化石

植物是高等生物中与动物界相对应的另一大类的生物，总称"植物界"。它包含有绿藻门、蓝藻门等若干个低等植物门，及较高等和高等的苔藓植物门、蕨类植物门、裸子植物门和被子植物门几个不同门类的生物。低等植物门的生物多为单细胞或单细胞集成的群体，是目前已追溯到的地球早期的生命形态（已知最早出现在35亿年前），是研究生命的起源和早期演化的重要对象。不过，它们虽然种类极其繁多，但因个体微小，肉眼不能直观，所以，对奇石爱好者来说并无收藏、观赏价值。

具有收藏观赏价值的植物化石主要来自蕨类植物门、裸子植物门和被子植物门的植物。事实上，由于缺乏植物分类的鉴别知识，大多数植物化石爱好者也很难对手中的植物化石作出准确的品种鉴别，所以，他们通常也只是笼统地将其作出枝、叶、干、花的区分。实际上，这些植物大多很难以整个植株的形态保存下来，而多以散落的枝叶保存在地层中。在繁盛的树林里会散落有难以胜数的植物枝叶，因而地层中，特别是煤系地层和富含有机质的碳质页岩等地层中，通常会保存有众多的植物枝叶化石，易于为爱好者所发现。植物化石一般说来收藏价值相对较低。但花卉作为植物的一个组成部分，却很少能成为化石保存下来，因

蕨类植物的叶化石

古桦树的叶化石

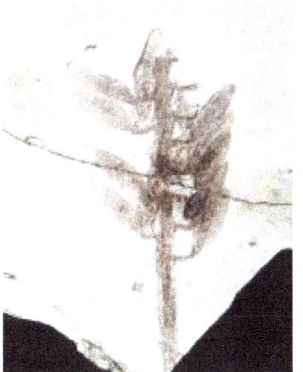

几种植物化石　左、中：未作品种鉴定的植物化石；右：包含众多叶片化石的岩石

未作鉴定的花卉化石两例

此，花卉化石无论是观赏价值还是投资收藏价值，都要远远高出枝叶化石许多倍，是最值得人们予以关注的化石品种。已知最早的1朵花发现于澳大利亚的东南部，距今约1.2亿年。

12. 木化石

　　木化石是植物化石的一种，是植物的枝干的木质部分转化而成的化石。但在奇石收藏中，它比一般的植物化石更为人们所看重。这是因为它不仅有树一样挺拔的造型，有反映成长岁月的圈圈年轮，还因为它那似木非木、似石非石、似玉非玉的质地，可让人摩挲把玩、触摸品鉴。要知道，触摸品鉴这一功能是几乎所有其他化石都不能企求的，因为所有的其他化石大多会因人们的摩挲把玩而损坏。

因受含铜矿物的浸染而呈蓝绿色的硅化木

玛瑙质的木化玉

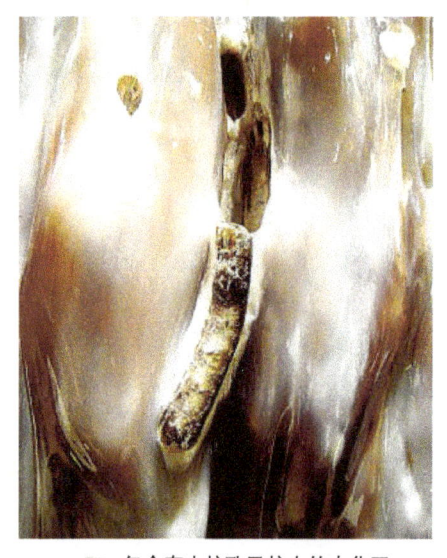
包含有虫蛀孔及蛀虫的木化玉

木化石作为奇石，人们大多不过分追究它们所属的植物属种，而更重视它的造型、色彩、大小尺寸及质地。造型源自植物生前的特征；大小受制于化石保存的状态；色彩则与保存为化石的过程中，是否遭受到其他有色金属矿物的浸染有关；质地也与保存环境有关。大多数木化石在形成过程中，其木质部分多是为硅质矿物所交代，所以常被统称为硅化木。根据硅质矿物交代程度的不同，可有半化石和全化石的差异。半化石是木质部分未全部石化的半成品，其收藏观赏价值自然较低。全化石又可根据组成矿物的不同，区分为普通硅化木、玛瑙质硅化木、蛋白石质硅化木。众所周知，玛瑙和蛋白石都是一种宝石矿物，因此，由玛瑙和蛋白石组成的硅化木就具有玉一般的质地，因此又被人们命名为木化玉。在当今市场上，一段高20～30厘米、直径不超过10厘米、质地致密坚韧、造型一般的木化玉，其售价多在千元左右。若色彩绚丽，造型甚佳，尺寸更大，则其价格自是会成倍地高涨。还有，若硅化木中还保留有虫蛀孔，甚至含有已石化的蛀虫，此时也会因其相对少见，而身价倍增。

需要注意的是，由于含有蛀虫的木化玉倍受人们青睐，因此市场上也频频出现人工伪制的含虫木化玉。其中最常见的是，在硅化木原产地，毛料出土时，就将千疮百孔的劣质硅化木敲碎，从中觅取完整的虫体化石；然后再找一块完好的木化玉，在表面根据虫体的形状开槽挖沟，接着用具有透明度的黏合剂将虫体黏合在木化玉表面。这样一块精致得近乎完美的含虫木化玉就人工合成了。一些不完整的虫子，也可以在木化玉表面择点钻孔，直接像插花一样插上去。鉴别这种赝品，可着眼于虫体的状态。若木化玉中虫体完整，延伸线路比较直，不具备蜿蜒曲折的原始形态，出露很完整，以致几乎整条虫都只贴在木化玉外表，就值得怀疑。若再借助于 10 倍放大镜进行观察，常可见在木化玉和虫子之间有黏合剂的存在（它通常硬度较低，小刀能刻动；若用荧光仪检查，黏合剂会有明显的荧光显示）。

因受铁质渗染而呈红橙色的硅化木

生长年龄十分清晰的硅化木

受不同金属矿物浸染而呈现出不同色彩的硅化木

色彩绚丽的硅化木

上面介绍了12类当今市场上较常见的化石类奇石，自然这仅仅是难以胜数的众多化石类奇石的很小一部分。由于篇幅所限，我们不可能对每一种化石类奇石都予以介绍，其中特别是一些较大型的动物化石，如恐龙化石和大型哺乳动物的化石，尽管它们也具有很高的观赏和收藏价值，但由于它们个体较大，且来自不易，又是国家重点保护的化石对象，一般的奇石爱好者较难涉及，所以我们就将其忽略不提，读者若有兴趣，可参考其他更专门的读物。

另外，需要指出的是，化石类奇石的观赏和收藏，应该注意以下3点：

（1）首先要注意的是，你所收集的化石一定是天然的真化石。要警惕的是，今天市场上由于许多化石都有不菲的身价，这促使一些人为追求不法利润而采用各种手法进行造假。其中最常见的是利用一些破碎的化石进行拼接、黏贴，或是在一些残缺的化石上人工添枝加叶地进行修整，使其变得完整；也有直接用普通石料进行仿制，甚至用人工材料进行模压成型等。要鉴别这些赝品一般

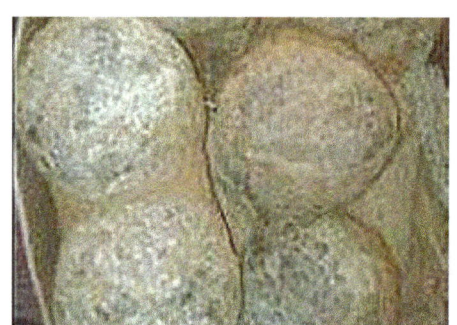 

伪化石

左：这4个恐龙蛋是仿制的，它没有真蛋的蛋皮特征。右：不同时代的化石聚在一起，肯定是假的

 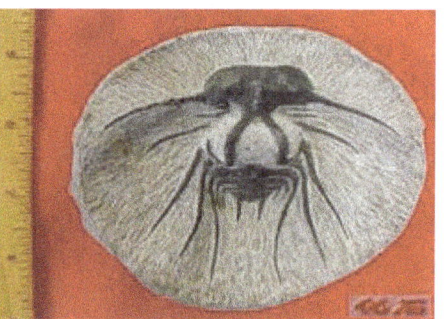

两个来自境外的摩洛哥三叶虫化石，其一是真化石，另一是模压成型的假化石。你看得出吗？
（据化石网）

人工雕琢的贵州龙及其雕刻者（据化石网）

这个植物化石是在原有化石基础上再经人工绘画添枝加叶完善的植物化石

说来并不十分困难，只要仔细审视当会发现其中的蹊跷：其一，真化石具有相应生物的组织结构，伪者则没有（注意有的是部分作假，所以要仔细审视整体是否都具有相应的生物结构）。其二，在物质组成上，真化石也会与周围的非化石岩石有稍稍的不同。尤其是，若为砂质岩石，则真化石会具有较致密的成分，缺乏砂质结构。其三，该含化石岩石是否有天然的隔纹，或穿插其间的晚期其他成分（如方解石或石英）细脉？如果有，它们与化石应有正常的切割延伸关系，而不应突然中断。其四，仔细观察含化石岩石的侧面，由于此类岩石多为泥质、粉砂质或盐酸盐质的，它们都是逐渐沉积的产物，因此，通常都具有可辨认的微细的与化石平行的层纹，而模压成型者则不会有（如果化石已被镶在镜框中，看不到侧面，你就要更加警惕，有可能是作假者故意不让你看到）。

（2）其次是要掌握好化石类奇石的评判标准。人们认为评价标准可归纳为：真、稀、奇、形、神、色、质和量这 8 字诀。

真：就是化石应该是天然的，这是首要标准，离此则毫无价值，但是现在市场上用各种手法作假的赝品层出不穷，所以必须给予高度的警惕。

稀：物以稀为贵，对化石类奇石来说也是同样道理，越稀少越难得就越珍贵。如鸟、蛇化石很珍稀，而腕足类、珊瑚等化石大量产出，价值就较低。

奇：指其奇特、新奇。这不仅指那些奇特或新奇的化石品种，也指同类化石中出现的少见的奇特造型或画面。如下图那件大鱼吃小鱼的化石就十分珍奇。

形：指化石形态的保存程度，是否完整、清晰，栩栩如生。也指其形态上的造型美。

神：指化石反映出的意境要有能让人细细品味、百看不厌、反复把玩的艺术魅力。

色：指化石的颜色若能鲜艳明目、夺人眼球自然更好，否则则要求其主体颜色与载体围岩底色之间的色泽搭配得当，两者要有一定的对比，以底色浅主色深者为佳（但要注意，很多时候是经人工着墨描绘的）。

质：指化石的载体岩石质地，以石化程度高、石化的物质组成坚实而稳定者（如硅质、钙质、铁质）为好；泥质、砂质因易剥落、毁损，价值就低。

量：大的化石个体很难完整地保存下来，这就使其在同类化石中具有大得多的观赏和经济价值。同样，同时聚集有众多个体的大块化石也十分罕见，其价值自然也不可同日而语。

（3）化石是珍贵的古生物标本，是地质历史的重要见证，具有十分重要的科学研究价值，因此普遍得到各国政府的保护。化石类奇石爱好者在收藏、搜集或转让此类奇石时，一定要注意不要触犯国家的相关条例。

化石（大鱼吃小鱼）

如此完整的植物化石实是罕见

（四）陨石类奇石

　　陨石是来自天外的奇石。自古以来它就引起人们的极大关注，并流传有许多关于它的神话故事。我国古人相信它是天上某个星宿陨坠的表现；相信它的坠落意味着某个伟人的辞世。唐杜甫在追思三国名相诸葛亮之死时就曾有诗曰："长星昨夜坠前营，讣报先生此日倾。虎帐不闻施号令，麟台惟显著勋名。空余门下三千客，辜负胸中十万兵。好看绿阴清昼里，于今无复雅歌声！"就是这种观点的反映。在西方，人们曾误以为陨石的坠落，是神灵古怪的不祥异兆，为了防止它逃走和危害人类，竟用铁链将其锁拴在教堂之前。

　　今天，我们知道，陨石实际上是宇宙中难以胜数的众多小天体的碎块。在茫茫宇宙中，它们在做着无止无休的旅行。一个偶然的机会，在运行到地球附近时，受到地球引力的吸引，撞入了地球的大气层，并与空气发生剧烈的摩擦，产生了耀眼的火花，那就是流星。大部分流星，会在与空气剧烈摩擦中燃尽自己的生命，消耗殆尽；只有很少个体巨大的流星没能燃尽，降落到地球上，就成为陨石。所以陨石十分罕见，而且它还只是原有块体的很小一部分，这就使它更成为不易多得的宇宙来客。据有关方面的统计，在没有发现来自南极雪原的陨石之前，在全世界人们所收集到的陨石不过1 700多例（同一次陨落的陨石为一例），我国也只有100多例。

　　在人类没有登上月球之前，陨石一直是人们可能获得的地球之外的宇宙物质的唯一来源。因此，对于我们了解宇宙的奥秘，探索宇宙物质的组成等诸多问题的科学研究价值自毋庸多言。陨石根据其物质组成，人们一般将其划分为3类，即石陨石、铁陨石和石铁陨石。其实除这3类外，还有冰陨石，只是冰陨石不易保存，在地球的自然环境下会很快融化成为水（其实，这种来自宇宙的冰水，也同样具有不可多得的收藏和科学研究价值），因此在早期多被人们所忽略。除此之外，还有一种玻璃质的奇石，有人认为它也是来自天外，称其为"玻璃陨石"，但也有人认为它是地球作用的产物，称其为"熔融石"。在这里，我们暂且忽略关于它成因方面的争论，也把它归类为陨石类奇石予以介绍。

表面布满气印的吉林1号陨石及其他碎块

露出新鲜面具有薄薄黑熔壳的陨石

熔壳上的龟裂纹

  陨石（包括玻璃陨石）都有一个共同的特征，那就是它的表面会因熔融而形成一层薄薄的黑色熔壳，有的熔壳会有因不均匀冷缩而产生的龟裂纹，并普遍留有所谓的"气印"。那是它在从高空坠落过程中，与空气剧烈摩擦以致表面发生熔融和熔蚀的结果。

  下面，我们对这些不同种类的陨石作一简略介绍，以供大家参考。

1. 石陨石

这是一类主要由硅酸盐类矿物组成的陨石,也是最常见的一种陨石。在物质组成上,它有些类似地球上的超基性岩,含有 75%～90% 硅酸盐,并以地球上常见的矿物——橄榄石、辉石和斜长石为主;此外,也常含有少量地球上不常见的金属矿物,如陨硫铁、镍铁合金等;密度 3.0～3.5 克／立方厘米。石陨石是坠落最多的一类陨石,约占陨石总量的 95%。1976 年 3 月 8 日 15 时,吉林地区东西 12 千米、南北 8 千米,总面积 500 多平方千米的范围内,降下一场世界罕见的陨石雨。所收集到的陨石有 200 多块,最大的 1 号陨石重 1770 千克,名列世界单块石陨石重量之最。吉林陨石表面有黑色、黑棕色熔壳和大小不等的气印,主要矿物有贵橄榄石、古铜辉石、铁纹石和陨硫铁等。

石陨石通常又再分为球粒陨石和非球粒陨石两个亚类。大部分石陨石都是球粒陨石,约占所有观测陨石的 86%。所谓球粒,是该类陨石的主要组成部分,它大部分是圆形到亚圆形,大小从小于 0.1 毫米到 20 毫米以上不等,主要由硅酸盐组成。它可以是由单晶体构成,也可以是晶体集合体,或全玻璃质,再或由不同比例的晶体和玻璃质构成。人们普遍认为这些球粒是由太阳星云直接凝聚而成的。但有关球粒的成因,在科学界还存在许多不同意见。一种较受人们认同的意见认为,它是太阳星云中的尘埃物质,被星云中发生的闪电所熔融,然后冷凝而成。已知球粒具有多种不同的结构特征,它反映了球粒在漫长的岁月中所接触到宇宙事件。故而它为人们研究太阳星云的早期演化,提供了不可替代的重要线索。

显示出球粒构造特征的球粒陨石剖面

 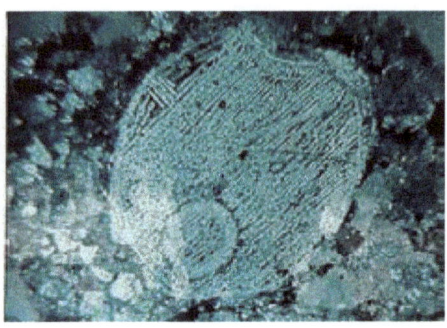

球粒的显微照片

左：具炉条状构造的球粒。右：一个小球粒被大球粒所包含

球粒陨石中有一种含碳含水的特殊类型——碳质球粒陨石。它们在已知陨石中仅占约5%的比例。虽然数量很少，但由于它的成分中，除主要为硅酸盐、氧化物及硫化物外，还拥有具挥发性的有机化合物、水（有的可高达20%）和稀有气体。因此人们认为它自形成后，没有遭受过严重（高于200℃）的加热，保存有最好的太阳星云的原始组分。另外，更由于人们累次发现在它所包含的有机物质中，有许多与生物体的有机成分相类似的成分，如氨基酸、可构成生命的基本物质——核苷酸中的嘌呤与嘧啶，还有与动物血红素和植物叶绿素密切相关的卟啉等。甚至还有人发现有疑似单细胞藻类生物的可疑颗粒。因此，它不仅是人们研究太阳星云的最佳标本，而且还成为人们探寻生命起源和地外生命的重要线索，所以，它的科学研究价值和收藏价值是无论怎么说都不为过的。

碳质球粒陨石主要呈深灰到黑色，有的具浅绿色（因含蛇纹石），也有少数呈浅色到中灰色。它们大多结构疏松易碎，质地较软，因含有类似地面上的

碳质球粒陨石的断面　　　　　　　　　著名的墨西哥阿伦德碳质球粒陨石

1983年坠落在陕西宁强的碳质球粒陨石

含蛇纹石类矿物的碳质球粒陨石

黏土那样的物质（含水硅酸盐）。它们的密度大多偏低，最低可达2.2～2.5克／立方厘米；特征是表面的熔壳和气印往往不怎么清晰，但常可见有所谓的"划痕"。它们呈现为深浅不等的长长的凹线纹，这是因为陨石具有层状叠结的构造，在坠落过程中受熔蚀的结果。一些碳质球陨石因含磁铁矿而具磁性。新鲜的碳质球粒陨石还常常可以闻到有一股浓浓的焦糊味，是其碳质化合物受热的产物。已经发现有些碳质球粒陨石所含的有机物，是其在落地以后或人们采集过程中，受地球物质或人为物质污染的结果，因此为了保证其不受地球和人为物质的污染，在采集时应严格避免用手捡拾，最好还要剥除其表皮。毫无疑问，一块保证未受地球和人为物质污染的碳质球粒陨石，在科研和收藏价值上比其他同类陨石高出许多倍。

石陨石中还有一种无球粒陨石。这是一种不含球粒、外观上类似于地球玄武岩、橄榄岩和辉岩等含硅量低的地球岩浆岩的陨石。此类陨石虽然数量很少，仅占已知陨石的4%左右，但却具有十分重要的研究价值。人们认为它应该是像地球岩浆岩那样从类似熔融的岩浆中凝结形成的。一个可能是从原本具有球粒陨石组成的母体中，熔融和分馏结晶衍生出来的；另一个可能是来自其他天体的岩浆岩碎块。事实上，近些年来，人们已经证实，其中确有一些是来自月球和火星。因此，它们便成为人们进一步深入研究月球和火星的重要素材。

值得注意的是，今天由于陨石的潜在价值已被许多人所认识，因此市场上不乏一些人用捡拾来的地球岩石冒充陨石高价出售。一般说来，那些粗劣的低级的仿冒品，要识别它应该不是特别困难，爱好者们只要抓住前面提到的3大特征——熔壳、气印和球粒，当可以作出基本正确的初步判断。当然，对于那些精心制作的假陨石（特别是仿冒的无球粒陨石），仅凭上述3大特征恐怕还是难予以辨识，这时最好是请教专家了。

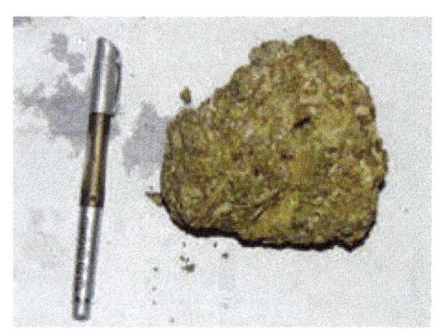

火星陨石

含有可疑的生命遗迹的火星陨石

在南极发现的第一颗被确认来自月球的陨石

2002年在阿曼发现的月球陨石。它曾经历4次撞击事件,故可见许多角砾

2. 铁陨石

铁陨石,简称陨铁。是一种主要由铁、镍金属构成的陨石。铁陨石虽然自然降落量远不及石陨石,但在人们已发现的陨石中却占有很大的比例,这是因为它很容易与地球岩石相区别,而且也不像石陨石那样易于因风化而销蚀。事实上,在500个已知铁陨石中,有90%都是"发现"的,而不是人们目睹其坠落的。目前世界上已发现的最大陨石几乎都是铁陨石,它不乏有单个重量超过1吨以上的个体。已知在非洲纳米比亚的霍巴就有一块世界最大的陨石,虽然已经遭受岁月的风化,重量估计仍有60吨左右。

铁陨石主要由铁纹石和镍纹石两种矿物组成,其次含有少量的石墨、陨磷铁镍矿、陨硫铬矿、陨碳铁、铬铁矿和陨硫铁等。在化学成分上,除铁和镍外,还含有钴、铜、铬、镓、锗、铱以及硫、碳、磷等元素。有少数铁陨石还含有硅酸盐包体。

铁陨石中，镍含量占 6%～14% 的，会具有一种特殊构造图像，被称为"维斯台登"图像（这种图像一般需在其抛光面上用稀硝酸腐蚀后显现）。它是由铁纹石和镍纹石的片晶构成的。据统计，约 80% 以上的铁陨石都具有这种图像。一些镍含量低于 6% 的铁陨石，没有"维斯台登"图像，它们主要由大的铁纹石单晶构成。当镍含量超过 14% 时，维斯台登构造消失，只能见到细粒铁纹石和镍纹石呈角砾斑杂状的交生现象。当镍含量达 25%～65% 时，形成无结构的铁陨石。这种铁陨石主要由镍纹石组成，含有一些小的铁纹石包体和少许其他的矿物。大多数铁陨石都显示曾受到撞击而具冲击效应的特征。

铁陨石

关于铁陨石的来历，目前还是一个未解之谜。一些人认为，它可能是某个已有壳、幔、核构造的天体破碎后的核部碎块。所以，它不仅具有研究太阳星云演化的意义，还具有帮助人们探索了解地球核心的研究价值，故其收藏价值自也毋庸多言。

著名的新疆铁陨石，长 242 厘米，宽 185 厘米，高 137 厘米，体积 3.5 立方米，重约 30 吨，居世界第三

山东临沂铁陨石的"维斯台登"图像

有硅酸盐包体的铁陨石

冒充铁陨石的炉渣

磁铁矿石

和石陨石一样，市场上也常可看到有铁陨石的仿冒品。它们多为地球上的铁矿石如磁铁矿石，或炼铁过程中产生的炉渣。要识别它们，除了看其表面有无在坠落过程中产生的熔壳和气印（一些炉渣也会有熔壳和类似气印的气孔）外，还要注意它的物质构成。铁陨石基本全由金属物质构成，而构成地球铁矿石的是含铁的铁矿物（多为磁铁矿、赤铁矿或褐铁矿），不是金属铁；炉渣则通常会含有大量因熔融物凝固形成的玻璃物质，铁陨石则不含玻璃质。当然，如果能观察到"维斯台登"图像，那就可以百分之百地肯定是铁陨石无疑了。

3. 石铁陨石

这是一种由硅酸盐和金属共同混合组成的陨石，是非常少见的陨石。在已知陨石中，它仅占4%左右的比例。铁镍和硅酸盐矿物含量大致相近（30%~65%）。主要矿物有橄榄石、各种辉石（主要是古铜辉石）、斜长石、鳞石英、铁纹石和镍纹石等；其镍含量一般在12%~14%，故也可以出现"维斯台登"图像。此类陨石大致可分为4个亚类。其中最重要的是，由橄榄石和铁镍金属组成的橄榄陨铁（橄榄石的晶体或碎片被金属基质所包含），和在金属基质中既包含有橄榄石，也包含有古铜辉石和斜长石的"中铁陨石"。另两个亚类迄今分别都只发现1例。它们是被命名为"斯坦巴克"陨石的古铜鳞英铁镍陨石，它由辉石和少量包裹在金属基质内的鳞石英组成；另一是被命名为"洛德兰"陨石的橄榄古铜陨铁，它由大量易碎的橄榄石、斜方辉石及近似等量的金属组成。

石铁陨石的来源也是一个没有完全揭晓的自然之谜。人们曾经一度认为它是已经分化的小行星被撞击而四散溅射出来的核心物质。但当今更多的人倾向于认为，它们更可能是核心和幔源物质的混合产物。鉴于它的量很少，尤其是像"斯坦巴克"和"洛德兰"那样世界唯一的品种，其研究和收藏价值自是无可比拟的了。

在陨石市场上，石铁陨石和铁陨石一样，也时见有用铁矿石和炉渣来仿冒的赝品。上面我们介绍的识别假铁陨石的方法，同样也可以应用于识别这些假石铁陨石。

发现于我国山东莒南县的石铁陨石，是当今已发现的最大的石铁陨石。它长140厘米，最大宽80厘米，一般厚30～40厘米，最大厚80厘米；体积约0.6立方米，重约4吨。从其组成矿物看应属橄榄陨铁。

发现于我国辽宁营口市的中铁陨石（抛光面可见"维斯台登"图像）

橄榄陨铁的抛光面

4. 玻璃陨石

玻璃陨石是一种完全由玻璃物质构成的奇石。在我国古代，由于它常出现在暴雨之后的田野，致使人们曾误以为它是雷神在行雨作雷时，书写符咒遗落下来的墨块，称其为"雷公墨"。近代由于其成因一直未能查明，有的人认为其是天外来客，称其为玻璃陨石；也有人认为它是某种地质作用的产物，称之为"熔融石"。这里我们暂且不管其成因如何，而把它归入陨石类奇石予以介绍。

和许多陨石随意地坠落在世界任意地点不同，玻璃陨石只散落在世界的四个特定区域里，而且每个散落区的玻璃陨石都是某个特定时代的同时代产物。这4个散布区是：①澳亚散布区，是4个散布区中面积最大的一个，包括澳大利亚、东南亚和我国东南沿海。散布于这个地区的玻璃陨石，都是在距今约70万年前形成的。②科特迪瓦散布区，包括非洲西部的大西洋的部分海域。它形成于距今130万～150万年前。③北美散布区，主要见于美国中部，并呈狭长的带状延入太平洋中。它的形成时期最为古老，约为距今3 500万年前。④莫尔道散布区，是4个散布区中面积最小的，主要见于捷克的莫尔道地区一带。它形成于距今约1 470万年前。

分布于我国东南沿海等澳亚散布区的玻璃陨石，呈黑至棕褐色至暗绿或

不同形状的玻璃陨石

墨绿色，碎片或薄片可透光。形状多种多样，有的呈圆饼形、水滴形、哑铃形、纽扣形，也有的呈薄管状、树皮状、碎核桃壳状、薄片状、层状和蚕状等。大小从直径几厘米到30厘米；重几克到几十克，个别可达百多克。密度一般在2.4克／立方厘米左右。其表面常可看到有各种形状的刻痕和流纹，以及和许多陨石相似的气印（表现为小的凹坑和麻点）。另外，它还常可区分出前后，即坠落时前进方向的头部常较光滑，没有任何刻蚀的痕迹，而背面则通常有许多麻点和凹坑。其内部则常可见有圆的或拉长的椭圆形气泡，以及塑性的流变构造。

玻璃陨石在产量上远比其他陨石高得多，有人估计在澳亚散布区就可能蕴藏有1亿吨的玻璃陨石。这也就是为什么人们会在骤风暴雨之后，在田野里捡拾到被雨水从地层中冲刷出来的雷公墨。这一状况就使其收藏价值和经济价值相对降低。不过，由于它有多种多样的形态，因此，搜集各种不同形态的玻璃陨石，便成为一些爱好者们热衷的嗜好。这使一些罕见的特殊形态每每成为人们争夺的珍品。

常用于冒充玻璃陨石的黑曜岩　　　　　　　利比亚玻璃

171

莫尔道玻璃陨石

宝石级橄榄石

玻璃陨石虽然在收藏价值上不及其他类型的陨石，但毕竟它是一种成因不明、有可能来自天外的奇石，其身价自非普通石头可比，所以市场上也可见其仿冒品。最常见的仿冒品是黑曜岩。这是一种地球上常见的火山喷出熔岩，它具有与玻璃陨石相似的黑至棕褐色和透明度，也基本全由硅酸盐质玻璃构成。不同的是它通常块度较大（在自然界它可以形成大的岩体），表面常见有典型的贝壳状断口，且没有玻璃陨石的常见特征。但剥去表皮抛光后，两者较难区分。一般说来，黑曜岩的内部，会时见有一些刚刚开始发生结晶作用所形成的雏晶或骸晶，玻璃陨石则没有。

另一种常见仿冒品是所谓的利比亚玻璃。这是一种发现于利比亚沙漠地区，成因还不是十分清晰的玻璃物质。它通常呈瓶绿色，表面特征也与玻璃陨石不同，而且其内部常见有未完全熔融的沙粒残余。应该指出，由于利比亚玻璃在古埃及时代曾被帝王贵胄用于制作饰品，所以其市场价格与玻璃陨石大致相当，只是我们不要将它们两者混为一谈。

玻璃陨石的最廉价仿冒品是人工制作的玻璃。此类制品如果没有外表特征可以辨识，将是最难以识别的。幸好，对于奇石爱好者来说，喜爱的不是其加工制品，而是保持有原有表面特征的玻璃陨石的原石。显然，这对人工玻璃来说是很难做到的。

这里还要指出，产于捷克莫尔道的莫尔道玻璃陨石常具有较浅的绿色和黄绿色，十分近似于宝石级橄榄石，因而有"水橄榄石"之称，并被一些人用来冒充宝石橄榄石。要识别这种假橄榄石并不难。因为玻璃陨石是玻璃质的，而橄榄石是晶体，两者在光学性质上有着截然不同的特征（如橄榄石在偏光镜下会表现出非均质的光性，玻璃陨石则不会），且橄榄石的密度（3.34克／立方厘米）也要比它大得多。问题是市场上更常见的是用瓶绿玻璃来冒充莫尔道玻璃陨石。

2010年坠落在河北邯郸肥乡县的闪电熔岩

正像上面所说的,要鉴别这种仿冒品是十分困难的,幸好这类仿冒品多已制作成各种饰品,未见有以陨石形态出售的。这兴许可以省却我们的一点担忧。

还有,一种常常出现在雷电之后,有时也自天而降的玻璃质岩石——闪电熔岩,也常被人误认为是玻璃陨石。例如2010年,河北邯郸肥乡县的人们就曾目睹一道火光从天而降落到地上,后来在现场挖出了20多块不规则的玻璃质石头。起初人们以为它是玻璃陨石,后经专家鉴定,确认是闪电熔岩。闪电熔岩形成于雷雨天气。当骤然而至的落地雷击中沙丘或砂岩时,瞬间产生数千度的高温,将其中相对良导体的石英等进行有序的熔化、气化,雨水又对其进行快速淬火冷却,便形成了这种玻璃质与新生矿物的混合物——闪电熔岩。闪电熔岩多为长条状,外形像树根,可达数米。颜色由形成的泥土和沙决定,有黑色、绿色、白色等。内部光滑,可能有大小气泡,外部多数为粗糙的,被玻璃质胶结在一起的来自周围的沙粒。这些特征与玻璃陨石是有着明显差别的。闪电熔岩十分罕见,因此也具有很好的研究价值和收藏价值,但切莫与玻璃陨石混为一谈。

上面介绍了包括玻璃陨石在内的4种陨石类奇石,它们的共同特点是:十分罕见和来自地球之外,因此,其科学研究价值和收藏投资价值,都是各种其他类型奇石所难以比拟的。但也正由于其所拥有的巨大价值,就使其成为人们仿冒的重要对象,因此在收藏、投资此类奇石时,必须保持高度警惕。

闪电熔岩

（五）特种石类奇石

前面已经谈到，特种石类奇石是一些无论从哪个角度看都无法将其归入矿物晶体类、造型石与纹彩石类、化石类和陨石类这4类奇石的特异石。它包括了前面已经提到的纪念石、禅石和特异石。

1. 纪念石

纪念石是人们用于纪念某种事件、某个人物或某个值得记忆的特定活动的石质纪念物。它们也许朴素无华、相貌平平，既无奇特的造型，也无优美的纹理，更无鲜艳的色泽，所以大多缺乏艺术欣赏的美学价值；但是它们却通常都拥有深厚的文化历史价值，是人们把它作为自己或留给他人的永恒记忆。如

这是在柏林纪念品商店陈列的柏林墙的残块。每块标价1.5欧元

苏州文庙中的"廉石";人们攀登珠峰带回来的"珠峰石";甚至是自己某次外出旅行,随意捡拾来的小石块。纪念石也可以不是天然的石块,而是人工制品,如在20世纪下半叶冷战时期,曾经横隔在东西柏林之间的柏林墙,在拆毁倒塌之后,它的建筑石块便成为许多人热衷收藏的对象。据说,当地一家拍卖行曾表示,要对柏林市中心的一段由4块组成的曾被人们涂鸦过的柏林墙残体进行拍卖。它每块重2.8吨,估价3 000欧元。再比如第二次世界大战时著名的"马其诺防线",其拆毁后的工程残块,也有被人开发成为旅游纪念石。诸如此类,不一而足。

2. 禅石

什么是禅石,赏石界对此存有不同的争议。有的人主张把具有似佛、似僧形象的奇石称为禅石。但更多的人认为,禅石是禅意之石。它在人们的心目中,虽然也是一种审美的对象,但却不是单纯的审美,而是能将欣赏者的人生观、价值观、审美观等体现在石上的奇石。在这里,人们应该轻现象而重本质,石之形式美丑已无关紧要,关键是石中是否暗含禅机。能让欣赏者从石头上领悟出一些人生的哲理,培养神思安定的心性,达到精神上的愉悦和超脱。所以,禅石实际上是一种常常因人而异、引起不同观感的奇石。有人说得好:一块奇石,由于它是天工的造物,往往透逸出很多不确定的自然的朦胧信息。同时,

禅石"坐禅"

禅石"红尘有爱"

观赏者不同的知识阅历和灵感喜好，存在不同的主观认识差异，对同一事物往往会出现不同的感知。石与人两种不确定的识别因素同时交织存在，并相互作用。当面对同一块奇石时，不同的人易产生不同的主观想象，形成不同的感受，有了不同的顿悟，从而也就有了对石的不同命题。禅石作为一种主要不是以其形似，也不是以其纹彩来取胜的奇石，就更是如此了。

此外，禅石也包括一些寓含哲学、宗教符号，甚至被人用于宗教活动的奇石。

广西大化石

这块奇石粗看平淡无奇，没有令人瞩目的美学鉴赏价值，但有人却对它十分推崇，认为它具有类似葫芦的外形。葫芦是"福禄"的谐音，千百年来，葫芦作为一种观赏品和吉祥物，一直深受人们的喜爱。因此人们借用这个葫芦象形石的灵气，喻祝大家福禄满堂，安详幸福。

禅石"阴阳太极石"　　　　　禅石"八卦石"

3. 特异石

特异石，是一类不以其形态、纹理、色泽见长，而是以所具有的特异性能而受到人们青睐的奇石。此类奇石往往各具特征，而且大多数量相对较少，是许多奇石爱好者珍爱的藏品。特异石，除了前面已谈到的香石、开花石、生发石、电视石和变色石外，还有多个不同的品种，惜因笔者孤陋寡闻，无法收集到更多的令人拍案称奇的奇石实例，下面只能仅就笔者所知，再补充几例：

世界著名的蓝钻石——霍普钻石

① 夜明石。顾名思义，这是一种夜间能发光的奇石。近些年来，人们发现一些含有某些稀有元素的萤石会具有发光夜明的能力，许多所谓的"夜明珠"被磨制出来。已知最大的萤石夜明珠直径可达1.6米，重6.2吨，2007年曾在西安展出。不过，这种萤石的发光能力大多不是很强，一般在黑暗中，于2～3米远处尚可见其发出的蒙蒙光亮，靠近时可借助其光亮分辨出报纸上的有字和无字部分，但不能看清每个字。其实，在自然界，像此类萤石这样能在夜间发光的物质虽不多见，但也非绝无仅有。20世纪末笔者就曾亲自鉴定过一颗用重晶石（一种硫酸钡的矿物，这种会发光的重晶石又有"明月石"之称）集合体磨制而成的所谓"夜明珠"，在黑暗环境下它能发出淡淡的绿色光亮。此外，某些钻石也具有这种夜间发光的能力。据说，著名的霍普钻石（一颗重44.4克拉的蓝色钻石，又名希望钻石），在夜间会像一颗烧红的煤球一般发出红色的光亮。又据东北新闻网报道，2011年3月沈阳付先生就曾拿了一块夜明石到报社要求协助鉴定。这块奇石呈椭圆形，看上去光滑，摸上去有些不规则的麻点，重约2千克，整体主色调为灰绿色，伴有黑色的斑点及纹路。当人们将石头置入暗房内，石头便发出淡淡的柔和绿光，上面的黑色斑点还清晰可见。更奇怪的是，记者用指甲在石头上轻轻一划，立即出现火花似的光线。几次划过后，再拿到灯光下检验，石头表面并无划痕。付先生还告诉记者，这块石头只要在黑暗的地方就发光，而且是整夜发光，亮度也没有任何变化，始终如一。这块石头究竟是什么？由于检测部门要求把石头切开或钻眼再检测，这样就破坏了石头，付先生没有同意，所以这至今还是一个未解之谜。

据笔者所知，夜明珠之所以发光是一种磷光效应。所谓磷光是属于冷发光，它不是因物体受热或燃烧而发光，而是由于受到外界某种射线（如日光、灯光、放射性物质等）的激发而发光。如果外界的激发条件终止，发光也即停止（或仅有小于亿分之一秒的余辉），称"荧光"；外界的激发条件终止，仍有大于亿分之一秒的余辉，就是磷光。萤石等的夜间发光，就是由于它们在白天受到了日光或灯光的照射激发，并具有较长时间余辉的结果。它们的夜间发光往往很难持久地维持下去，终究会随着时间的推移而逐渐变暗，以致完全终止。有两种情况可以使磷光持久地维持下去，一种是由于化学反应引起的发光，如萤火虫的发光。但矿物和岩石一般不会有这种现象，因为如果它们有能引起这种反应的物质，应该在漫长的岁月中早就消耗殆尽，不像萤火虫那样有新陈代谢的不断补充；另一种则是由于矿物、岩石内部含有某种放射性物质，正是在内部射线的持续激发下使其产生了持续的发光现象。所以，对于如付先生那样的夜明石，收藏者一定要特别小心，注意它是否有足以危害人体的放射性。

② 特硬石。在一颗1971年掉落在芬兰境内的富含碳的海沃勒陨石内，人们发现了一种超硬的碳质晶体。当研究人员用金刚石（即钻石）抛光陨石的一块切片时，惊人地发现陨石中有一种超硬的晶体，已知地球上最坚硬的物质——钻石竟然无法损其毫毛，显然这种晶体的硬度高于钻石。科学家利用一系列仪器对陨石中的这种晶体进行了仔细的观察，结果发现它们全是由碳质构成的，并具有两种全新的天然碳晶体结构。

③ 朗斯代尔石，又称"六方钻石"。它和普通钻石一样也是碳元素的结晶体，只不过普通钻石具有等轴晶系晶体的内部结构，而它则具有六方晶系的晶体结构。又由于它是女结晶学家凯瑟琳·朗斯代尔率先在美国亚利桑那陨石坑中发现它的存在，人们就以发现者之名命名之。朗斯代尔石是一种十分神奇的奇石，不仅由于它来自太空，十分稀少，也由于它所具有的特殊的奇异性质。前不久，历经多方专家的反复检测，终于证实我国也发现了一颗这样的奇石。说起它

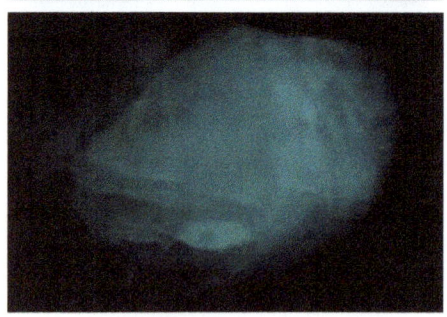

萤石夜明石

上：日光下拍摄
下：黑暗中拍摄

被展示的海沃勒（Havero）陨石。
迄今这种超硬碳晶体还未在其他地方发现

发光的朗斯代尔夜明珠

的发现，还有着一则感人的故事。1971年，家住内蒙古赤峰市的王占奎先生在雪地里救了一位快要冻僵的蒙族老人。经过王占奎的悉心照料，老人从死亡线上被拉了回来。在与老人临别之际，老人为了答谢救命之恩送给他一个小盒子。因为在当地，蒙族互赠礼物是很平常的事情，所以，王占奎没有在意，全当是个小玩意儿，顺手放进衣服口袋里。回家后也就把这个礼物的事情给忘记了，任凭它在衣服口袋里"睡觉"。20年后，在整理杂物时无意间找到了这个礼物。礼物是一个黄色丝缎包裹的很精致的骨料制作的小盒子。当打开盒子后，老王在厚厚的蜡封下抠出一个像泥丸子一样的小球，样子很不起眼。当时，老王依旧把它当作是一个很普通的小球。但是，一次偶然的机会，老王发现这个小球竟能在夜里发光，放在老王家的鱼缸里，深更半夜竟然十分清楚地看到鱼儿在水中漫游，亦真亦幻，煞是好看。小球经照相机闪光灯强光刺激后，黑夜里竟然可以借助它的光线看清书中字迹。难道这是个宝贝？是颗夜明珠？在朋友的建议下，王占奎把小球拿到天津珠宝检测中心鉴定，鉴定结果是，这个小球是天上掉下来的陨石钻石夜明珠，专家估价3 000多万元，这可高兴坏了王占奎。可是不到一个星期，专家就声明将这张鉴定证书作废。价值上千万的夜明珠转眼就变成不值钱的小泥丸子，王占奎决定到北京做更全面的鉴定。经过中国地质大学宝石鉴定室、中国地质科学院、中国石油天然气总公司X线检测中心、中国宝玉石协会珠宝鉴定检测中心等单位，先后用现代高科技手段，对其进行了仔细反复的检测后，终于一致认定这确是一颗从天上掉下来的、主要由朗斯代尔石构成的陨石钻石夜明珠。专家估价2 500万美元以上。

④ 魔彩石。据报道，2010年9月贵州镇宁布依族苗族自治县发现一块燕形画面奇石。在这块奇石燕形的头部有一酷似兽形的图案，很神奇的是，手拿着奇石转动，从前后左右看，兽形的头都会随着不同方向的转动而变幻成熊、

虎、猴、凤、鹰、猪、狗……这块奇石长14厘米，宽14厘米，厚4厘米，重0.8千克。报道还说该奇石的材质是金墨玉。可惜我们无法知道，这个金墨玉究竟是什么。是否真的有这样的会变幻的奇石呢？客观世界中是可能存在这种奇石的。早在贵州的这个报道之前，人们就曾在山东昌乐的蓝宝石产区发现有此类变幻石。当人们从不同角度观察该石时，发现在它表面呈现出来的图案发生不同的变幻，遂称这种现象为"魔彩效应"。研究表明，魔彩效应产生的原因，是由于该奇石内部存在有纳米级的空隙，当光线透过该石表面进入内部时，会因空隙的存在而产生内反射，并互相干涉，从而产生了由这些干涉光制造出来的图案（这种图案的产生与雨天马路上看到的油花图案的形成是同样道理）；观察方向不同，也即光线入射的方向不同，会造成光的干涉状态不同，以致便出现了图案随观察角度而变幻的现象。

除上述4例外，特异石显然还有其他奇异而有趣的品种，惜笔者所知有限，只能介绍至此，还望读者们予以充实、补充。

从不同方向观察魔彩石，可见图案有不同的变幻

奇石的鉴别与防伪 四

奇石以其所具有的独特的形态、优美的色泽、良好的质地、奇幻的纹理、深蕴的内涵而深受人们喜爱,成为当今众多民众热烈追捧的对象,以致身价也节节攀高。这就难免促使一些人为了追求高额利润,采用各种手法弄虚作假,耍尽花招,致使假货、劣品充斥于市。我们的奇石爱好者若不提高警惕、擦亮眼睛就难免上当受骗。

怎样才能避免买进假货、劣货呢?一个最根本的途径是提高自身的知识修养,尽可能地掌握相关奇石方方面面的特征,并能藉以辨伪识真。其实,前面我们在介绍各类奇石时,已或多或少地介绍了有关它们的一些特征,也指出了一些可用于辨识此类奇石的真假方法,相信读者若能仔细领悟,定会对你在辨伪识真方面提供一定的帮助。

(一)
奇石鉴别的主要工具

在辨伪识真方面,除了掌握相应的知识外,必要的一些工具应是不可或缺的。古话说得好"工欲善其事,必先利其器"。那么我们应该配备哪些工具呢?当今,由于科学技术的迅猛发展,一些人的弄虚作假的手法也层出不穷,技术手段也愈来愈趋高明,这就迫使人们也要研发出各种能有效识别它们的方法和器具。不过,对于奇石爱好者来说,显然不可能也不必要像专业工作者那样配备大大小小的各种仪器设备,但可选择一些既便于携带,又能有效地提供一些起码的识别功能的器具。具体说来,可以配备以下器具。

1. 放大镜

放大镜是对人们肉眼能力的一个很好的补充。由于许多奇石的细微特征常常是辨识它们真伪的主要依据,而肉眼又常常难于明察秋毫地见之于细微之处。比如化石类奇石,要识别其真伪,很重要的是要看它有无生物的应有结构,而这肉眼通常很难分辨;又如一块水冲石,是天然的还是人工加工雕制的,常也可通过对其细微的纹痕的观察来辨别,而这也是用肉眼难以做到的,需要依赖放大镜或显微镜。对于我们普通的奇石爱好者和投资收藏者来说,显微镜较难

几种不同规格的 10 倍放大镜

置备,而配备一个便于携带的好的放大镜则是十分必要。它可以帮助我们看到许多肉眼难以观察到的现象。

放大镜有多种不同的放大倍率,一般可选择 10 倍放大镜。一个好的放大镜应能满足以下 4 点要求:

(1) 视域较大,能看到较大的范围。一般其镜片直径可选择在 18 毫米左右。

(2) 放大倍率准确。

(3) 不会产生像差。可用方格纸进行检查。在放大镜下视域范围的所有线条应互相平行、宽窄一致。

(4) 不会产生色差。视域下的线条应清晰"干净",不能带有色边。

2. 测硬器

奇石是由矿物、岩石构成的。在鉴别矿物、岩石时,最常用的手段之一是检测其硬度。常用的硬度级别是奥地利矿物学家摩氏创立的摩氏硬度,他把自然界的矿物按其刻划硬度分为 10 个等级,每个等级有相应的矿物作代表。它们从低到高分别是:1 滑石,2 石膏,3 方解石,4 萤石,5 磷灰石,6 长石,7 石英,

摩氏硬度等级的10种矿物

8托帕石，9刚玉，10金刚石。对于未知硬度的物体，可以通过相互间的比对来确定。也就是说当它能刻动下一级矿物，而无法刻动上一级矿物时，它的硬度便是介于这两级矿物之间。

由于客观上人们一般无法同时配备有这10种矿物，为此可以用一些常见物体来替代。其中最常被利用的是：人的指甲，硬度2.5；小刀，硬度5.5；玻璃，硬度6。另外，从硬度的角度出发来考察，还可以把庞杂的各种各样奇石，按其物质组成大致地将其区分为三大类型：硬度小于2.5，可被指甲刻动的是以泥质为主的奇石；指甲刻不动，小刀可刻动，硬度介于2.5～5.5之间的是以碳酸盐为主，或是由其他软质矿物构成的奇石；小刀也刻不动，硬度大于5.5的则多为以硅质为主的奇石（当然，这种仅靠硬度所作的划分是非常粗糙的，客观上可能出现许多更复杂的情况，需要再配合其他方法方能确定）。

3. 磁铁或磁针

磁铁或磁针主要用于磁性的测量。一些奇石可能具有磁性，特别是陨石类奇石，磁性的测量几乎是必不可少的。铁陨石、石铁陨石、甚至是石陨石都具有一定的磁性。虽然可能由于陨石内部的组分不同，或是陨落时间久远，磁性的强弱会有明显变化，但目前国内外普遍都以是否有磁性作为陨石的一项主要鉴定特征。哪怕只是具有微弱磁性都能够获得承认。若无磁性则就较难获得相关机构和专家的承认（这一点值得质疑，已知如月球陨石、火星陨石和部分无球粒陨石就不具有磁性。但它们毕竟十分稀少，绝大部分陨石还是有强弱不等的磁性）。因此，磁铁或磁针的配备，对于陨石类奇石爱好者来说应该是不可或缺的。

在测量仅有微弱磁性的奇石时，若直接手持磁铁来测量，常常会得不出明确的结果。这时可以用一根细线缚住磁铁（最好是磁针），然后让它慢慢靠近待测样品，观察磁铁或磁针有无向样品漂移、靠拢的迹象，当可作出较明确的判断。

4. 素瓷板

素瓷板是表面无釉的白色瓷板（也可以用无釉的碗杯底边来替代）。利用它可以观察矿物或岩石的条痕。所谓"条痕"，是指用矿物或岩石在素瓷板上划擦出来的粉末痕迹。由于它的颜色常会更本质地反映矿物、岩石的实际颜色，而不是它表面所呈现出来的颜色，所以在矿物鉴定中，它成为一种重要的鉴定标志。比如矿物刚玉，会因组成物质中有铬元素的混入而呈现出红色（即红宝石）；也可能由于有铁、钛元素的混入而呈现出蓝色（即蓝宝石），但不管是红宝石还是蓝宝石，或其他颜色的刚玉，它们的条痕色都是白色。

鉴于不同的矿物常会具有不同的条痕色，所以利用条痕来鉴定矿物，是矿物鉴定的常用手段之一。应该指出，条痕的观察也不仅仅限于矿物晶体类奇石的鉴定，也可用于其他类型奇石的鉴定参考。比如在鉴别真假铁陨石时，真铁陨石的条痕应是浅灰或灰色的，而用铁矿石或炉渣冒充的假铁陨石，条痕则是黑、红褐或褐色的。

5. 稀盐酸

稀盐酸主要用于碳酸盐类奇石的鉴定。凡是滴1～2滴稀盐酸于奇石表面，就看到岩石表面冒出许多小气泡者，即为由碳酸盐类物质构成的奇石。有经验者还可根据冒泡的强弱、多少，进一步判断碳酸盐质矿物的成分或含量。如冒泡快速强烈者，应是主要由碳酸钙（方解石）构成的奇石（如太湖石、英石等）；若冒泡较弱，则可能是主要由白云石（碳酸钙镁）构成的奇石（如部分灵璧石）；同样是碳酸盐类矿物的孔雀石（碱式碳酸铜）则不会起泡，但会看到它有轻微的溶解。

需要注意的是，一些虽然是由碳酸盐类矿物为主要组成分构成的奇石，由于人们在其表面进行了打蜡或涂抹清漆等的处理，从而阻断了盐酸与组成矿物的直接接触，致使盐酸试验受到干扰而失去效果。因此，如果你手中的奇石本为碳酸盐类矿物构成，但盐酸试验却不怎么起泡，你就应该想到，其表面应该已被做过某种处理。另外还要注意，盐酸试验时要避开奇石上可能存在的细脉或隔纹。因为细脉和隔纹的物质组成与主体岩石可能不同，它们起不起泡，不能代表主体岩石的性质。

可用于奇石鉴别的器具还有很多，但它们不是器形较大，不适于携带，就是使用上比较专业，普通奇石爱好者较难掌握，所以这里就从略了。

（二）几个有用的鉴定特征

奇石鉴定涉及许多方方面面的现象和问题，要想完全掌握识别它们的技巧，显然不是易事，就是一些专业工作者也未必都能一一熟练掌握。不过，尽管如此，了解和掌握一些起码的基础鉴定知识，对于避免上当受骗来说，显然还是会有所裨益的。下面就介绍几个用于矿物岩石鉴定的最基本的鉴定特征。

1. 光泽

光泽，是物体表面对可见光反射能力的表现。它的强弱取决于物体的折射率、吸收系数和反射率的大小。

矿物的光泽可区分为金属光泽和非金属光泽两大类。自然金、黄铁矿、磁体矿等所谓的"金属矿物"具有金属光泽；而绝大多数其他矿物则具有非金属光泽。在各种奇石中，除铁陨石具有金属光泽外，其他都具非金属光泽。不过，非金属光泽的客观表现也不完全相同，所以人们又对它进行了更详细的划分，并分别以常见物体的光泽予以命名。

（1）金刚光泽。是非金属光泽中光泽强度最高的一级，并以拥有此类光泽的金刚石（即钻石）予以命名。前面提到的朗斯代尔石就具有这种光泽。

（2）玻璃光泽。是非金属光泽中光泽强度相对较高的一级，因它如同玻璃表面所反射的光泽，故名。前面所介绍的各种各样奇石中，绝大多数也都具有此类光泽。

（3）油脂光泽。也称脂肪光泽。以具有如同脂肪般的光泽而名。在各种奇石中，一些玉石类奇石可能具有此种光泽；还有某些涂抹凡士林等油脂过厚的奇石也具有此类光泽。

（4）丝绢光泽。以具有丝绢般的光泽而名，主要见于一些具有纤维状结构构造的奇石上。如一些硅化木等就具有这种光泽。

（5）珍珠光泽。以具有珍珠般的光泽而名。除珍珠外，也见于贝壳制品及一些用塑料等仿制的奇石。

（6）蜡状光泽。以具有蜡状的光泽而名。此类光泽可见于某些岫玉、绿松石、青金石等玉石，也常见于一些经填蜡处理（比一般的打蜡处理使用了更多的蜡）的奇石上。

（7）树脂光泽。或称松脂光泽。以具有树脂般光泽而名。如有些琥珀和某些塑料仿制品的光泽。

学会正确判别所见奇石的光泽，对我们识别奇石的种类和品种是十分有用的。

2．解理

所谓解理，是许多矿物晶体的一种固有的属性。它指的是矿物受到外力的打击或挤压，就沿着晶体的某些特定方向破裂为平面的一种性质。不同的矿物，由于物质成分不同和晶体内部质点的排列方式不同，会有不尽相同的解理特征，如解理的方向不同、组数多少不同等；而同种矿物则具有相同的解理特征。所以，对解理特征的分析也常常成为鉴别矿物种属的依

在一块矿石上所见的方解石解理

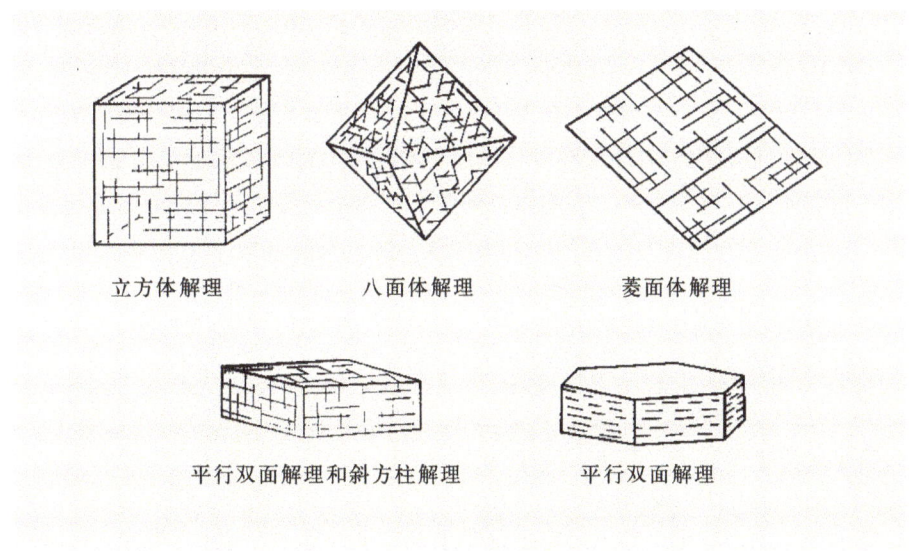

立方体解理　　八面体解理　　菱面体解理

平行双面解理和斜方柱解理　　平行双面解理

几种矿物解理示意

据之一。由于解理面与晶体的晶面常具有不同的方向，因此解理表现在晶面上就成为直线型的裂纹。互相平行的解理纹称为一组。许多奇石因是矿物的集合体，所以，尽管其组成矿物的每个晶粒可能因受外力的作用而产生解理，但由于这些晶粒在奇石中的排列方向各不相同，故此类奇石作为一个整体是没有解理的。而那些由矿物晶体构成的奇石，或含有颗粒较粗大矿物晶体的奇石，一般都可观察到解理的存在。

3．断口

断口是指物体受力打击后，不依一定结晶方向裂开，而是在任意方向上所出现的破裂面。这种情况主要出现在解理不发育的矿物，或由多晶集合体构成的岩石上。不同的物质由于内部结构构造的差异，会表现出不同的断口特征，所以，通过对断口的辨别，会有助于奇石的鉴定。常见的断口主要有以下4种：

（1）贝壳状断口。断口呈圆形或椭圆形的曲面，具有以受力点为圆心的不很规则的同心圆波纹，形似贝壳，故名。这种断口主要出现在非晶质物体（如玻璃），和由隐晶或微晶集合体构成的物体（如玛瑙），以及一些具有致密结构的物体（如水晶）上。

（2）锯齿状断口。断口呈尖锐的锯齿状。一些延展性强的奇石，具纤维状构造、片状或层状构造的奇石，可具有此类断口。如许多含化石岩石的断口。

（3）参差状断口。断口面参差不齐，粗糙不平，许多内部结构构造不均匀，或由颗粒状矿物集合组成的奇石多具此类断口。如球粒陨石的断口。

（4）平坦状断口。断裂面较平坦光滑，是许多呈致密块状构造的奇石常见的断口。如由碳酸盐岩构成的灵璧石、菊花石等就常见此类断口。

具贝壳状断口的火山玻璃

具参差状断口的矿物

4. 密度与相对密度

密度是指物体的单位体积的质量，一般用每立方厘米的体积质量（克／立方厘米）来表示。相对密度则是指物体的密度与水的密度之比。由于人们常取水的密度为1克／立方厘米（实际上这是水在4℃时的密度），所以，在数字表达上，物体的密度与它的相对密度是一致的。如钻石的密度是3.52克／立方厘米，其相对密度是3.52。在实际工作中，密度的测定比较复杂和繁琐，而相对密度的测定则相对易行，所以在奇石鉴定中，人们多用相对密度来替代密度。

物体的密度或相对密度，主要取决于其组成物质的种类，也取决于这些物质在其内部的组合方式（是否紧密）。所以同种物体，只要它的组成物质和内部组合方式不变，其密度或相对密度就是固定不变的；而不同的物体，由于组成物质和内部组合方式的不同，就会有不同的密度或相对密度。因此，相对密度的测定常是人们鉴别各种奇石的重要依据之一。

相对密度的测定一般采用静水力学法，即先在空气中称得物体的重量 W_1，然后把物体浸入水中，称得其在水中的重量 W_2；根据公式 W_1/W_1-W_2 即可求得该物体的相对密度。

显然，如果没有天平或秤等测重设备，是无法求得相对密度的准确数据的。在这种情况下，人们常采用手掂的比较法。虽然这是一种很粗糙的不准确的方法，但有经验的人也常可取得十分良好的结果。因此读者不妨通过多次尝试来积累经验。

（三）
几种精密检测法简介

奇石种类极其庞杂，要认真区分各种奇石实属不易；加之，市场上又不乏各种各样的假冒伪劣货品，从而给人们对奇石的辨识又增加了更多的难题。所以在许多情况下，当人们用简单的测试方法仍无法对手中的奇石作出正确判断时，就不得不求助于更精密的测试方法了。显然，这些方法和采用这些方法所需要的仪器设备，不是普通奇石爱好者所能具备的。但对这些方法有一定程度的了解还是必要的，因为这将使你知道，一旦遇到问题时应该求助于哪一种方法。下面就来简略地介绍一些方法。

(1) 岩石薄片鉴定法。这是岩石学研究最常用的方法。方法需要将待鉴定的奇石切割下 1 小薄块 [面积约（2×2）平方厘米]，并将其磨成厚仅 0.03 毫米左右的薄片，然后将其置于专用的"偏光显微镜"下进行观测研究。通过这种方法的研究，一般可以知道所测样品的矿物组成、样品的结构构造特征，并确认其岩石类型。其缺点是一种有损的测试方法，而且对于一些特殊的罕见的奇石往往也不能得出明确的结果。

(2) 粉末油浸鉴定法。这是对岩石薄片鉴定法的一种补充。当奇石所有者不愿切割它的奇石时，可采用此法。方法是从待测试的奇石样品中刮取少许粉末（为了不破坏奇石的美观，取样的部位应尽量选择在奇石的底部或背部的隐蔽处），然后将其置于玻璃薄片上，加上适当的浸油，再置于偏光显微镜下，进行矿物学的测试研究。通过此法的测试，一般可以确定所测奇石的矿物组成，然后再根据矿物组成推断样品的奇石种类。其缺点是由于取样处未必能代表样品的整体（特别是当样品的矿物组成很不均匀时），致使得出以点代面的错误结论。

(3) 光谱分析法。这是一种对样品进行化学成分测定的方法。优点是：分析速度较快，对物质组成均匀的样品可不作其他技术处理，又可同时测定多种元素或化合物及其含量；检测的灵敏度也很高，一般可达到千万分之一至十亿分之一。缺点是：它只能告诉你这个样品是由哪些元素组成的，至于它们是来自哪些矿物，则需要人们根据所获得的相关数据进行推算（这就可能出现不同的解释）。另外，它也无法揭示奇石内部的结构构造。所以在奇石鉴定领域里，它一般只被用于检测该奇石是否含有某种特殊元素（如是否含金、铂等稀贵金属）。

(4) 放射性测量。一些奇石，如前面曾提到的能持久夜明的夜明石，或一些含有铀、钍等放射性元素的矿物和岩石，具有可能对人体造成伤害的放射性。因此，如果你对自己收藏的奇石有此怀疑，就应进行放射性检测。关于放射性的强度究竟多大才会对人体造成伤害，迄今还没有明确的意见。目前一般要求 ≤ 70 贝可（放射性活度单位。1 贝可 = 辐射源每秒发生一次衰变）。

(5) 红外光谱测试。由于不同的物质能吸收不同波长的红外光，所以，把待测试样品直接置于红外光谱仪中进行测试，就可获得该样品的红外吸收光谱。然后根据其吸收谱线的位置和形态，就可以判断奇石的品种，以及是否作过人工处理等；特别是对样品中有无含水，有无外来添加的有机物质等能作出较明确的判断。但该法的缺点是仪器测试腔的空间有限，较大（大于拳头）的样品往往就无法进行直接的测试，需要刮取少量的粉末，并将其研磨成 2 微米以下的粒径；然后用溴化钾以 1 比 100～200 的比例，与样品混合后压制成薄片，方可测定其红外光谱。

(6) 电子探针法。也叫 X 线显微分析法。此法所用的仪器配备有一种电子枪，它能发射出高能的电子射束。当电子束轰击待测样品的表面时，就能激发样品产生特征的 X 线和阴极荧光等的谱线，据此可以定性地甚至定量地分析出样品的组成元素的成分。该法的优点是能对样品的极微小的区域（在 1 微米的范围内）进行分析研究，因此在作奇石的详细研究（如陨石类奇石的研究）时，可发挥重要作用，但测试样品不能大，且要求样品有一个光洁的平面，所以，这大大限制了它在普通奇石上的直接利用。

(7) 阴极发光法。此法所用的仪器配备有一种阴极射线管，它也能发射高能的电子束（即所谓的"阴极射线"）。但与电子探针法不同的是，它的电子束没有聚焦成一个点，所以它能同时照射到一个面积相对大一些的样品上，让其在这种电子束的照射下，因物体受激而发出可见光。不同矿物由于物质组成不同，或晶体结构的细微差异，将会在电子束的照射下发出不同特征的可见光。据此就可以鉴别奇石的矿物组成和它们的分布状态。

除上述 7 种方法外，现代被人们应用于奇石检测的精密测试方法还有其他一些，如 X 线荧光光谱法、热呈像测试法等，但使用相对较少。

（四）
常见的作伪手法

奇石作伪，在今天已不是个别的案例，而是可以说充斥市场，经常可见。前面在介绍各种奇石时，我们针对该类奇石所可能出现的假货赝品做过一番叙述，指出了它们的一些鉴别方法。为加强读者对这些伪作的警觉心理和辨识能力，特再对常见的作伪手法作一扼要的归纳。

手法之一，是用貌似的普通

用模铸法制造出来的假龟类化石。仔细观察可以发现它没有真化石所可能具有的生物结构特征，如表皮的鳞皮结构等。

石头来充当奇石。如前面讲到的用炼铁炉渣或普通铁矿石充当铁陨石；用普通石质结核冒充恐龙蛋；用模树石冒充植物化石等。应该说，这是一种最低级的作伪手法，也是最容易辨识的。因为这些冒牌货虽然与真品有些貌似，但在细节上，特别是在物质成分与结构构造方面与真品有很大区别。所以，我们只要对真品的主要特征有所了解，就不难识破他们的伎俩。

手法之二，是完全采用人工手法，如模铸、实验室合成等技术来制造假奇石。一般说来，用这种手法制造出来的假奇石与真品也有很大的差异，因此，若能掌握真品的基本特征，当也不难识别之。

手法之三，是在天然岩石的基础上采用烧烤涂油、化学褪色、染料浸色和用酸液侵蚀，以及绘画等技巧来制作的。这种手法最常见于图案石、文字石和化石类奇石。由于这种赝品保留有天然岩石的原有特征，而且作假者还往往不是全部作假，仅采用添枝加叶的局部处理，所以其欺骗性很大，常使许多爱好者上当。不过，此类赝品也常常会因过于逼真而露出破绽。

手法之四，是采用拼贴、黏结技术，把零散的碎块拼接成一个整体。碎块有可能是真的，如用两个都只有一半的真恐龙蛋，黏结成一个完整的恐龙蛋。当然也有半真半假的。这种赝品的最著名例子是所谓的古盗鸟化石。它做得如此逼真，以致连外国的古生物学家都上当受骗。随后的详细研究证明：这件所谓的"辽宁古盗鸟"标本，至少是由两种不同的动物拼贴、黏结而成的。

手法之五，是在普通的石板上进行雕刻、着色来仿制。这种手法最常见于假古生物化石的制作。方法是采用凸雕的手法，先在石板上精心雕刻出所企图仿制的化石形象，然后进行着色处理。着色的目的是让化石更加凸显出来（有的是对雕刻出来的图像进行着色，保持底板的原始状态；也有的是给底板着墨，

用人工手法制作的假奇石：这块红"水晶"是人工制造并打磨成形的，一个重要区别就是它没有天然水晶的横向晶纹。

用人工手法制作的假奇石：人工合成的胆矾（硫酸铜）晶簇，在自然界它是不可能存在的，因为遇水会迅速溶解。

让图像保持浅色)。鉴别此类赝品,主要是观察它有无与该仿制的生物相应的生物结构;另外,它们通常也会由于形象过于完美而令人生疑。除化石外,这类手法也见于造假的菊花石。此时,造假者会在普通的石灰岩上人工雕刻出花朵模型,然后用研磨成色的白色大理石粉末渗胶充填雕刻出来的花朵,再对其进行打磨抛光;为了让花朵更

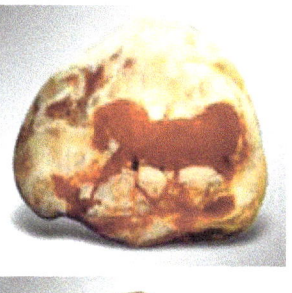

这3块图案石都是在天然岩石的基础上采用人工绘画染色制作出纹样

加凸显,通常也会对底板作着墨处理,并在石的表面涂抹一层清漆。鉴别此类赝品,可用放大镜仔细观察花瓣。这时,常可发现它具有粒状结构,而不是由晶体构成的。

　　手法之六,主要见于太湖石、灵璧石等造型石的作假。方法是取拟仿制奇石的同类岩石,并采用人工切割、雕琢、钻孔等手法将其制作成具有一定形态、具某种观赏价值的人工造型石。接着,一般会将其置于某种酸性溶液中,或掩埋于潮湿的泥土地里,让其接受一定的侵蚀,使其产生古朴的沧桑感(此即所谓的"做旧"处理)。然后从溶液或掩埋地里取出,进行打磨、抛光、上蜡,遂告完成。应该说这种作假方法已有相当长的历史。明林有麟在《素园石谱》中就记有"平江(今苏州)太湖工人取大石,或高一二丈者,先雕置于急水中存撞之,久之如天成,或以熏烟,或染之色。"近代,随着奇石收藏热的兴旺,这类假造型石更是司空见惯。尤其是因为它们的鉴别存在一定的难度,就更使它们大行其道。

刊登在美国《国家地理》杂志上的"辽宁古盗鸟化石"的图片。据说,当初美国人以8万美元购得

用人工手法制作的假奇石：这块"鸟化石"是雕刻、着色制作的，鸟的骨头中空而易碎，因此很难完整地保存下来。现在这个标本如此完整和完美，实在不能不令人生疑。

用人工手法制作的假奇石：这块菊花石也太完美了，令人生疑

你相信有如此逼真的造型石吗？

　　上面我们介绍了奇石作假的六种常见的手法，显然这未能完全涵盖所有在市场上能够看到的各种做假花招，而且俗话说得好："道高一尺，魔高一丈"，现实世界里，假的、伪劣的总是出现在先，然后才会有针对它们的识别方法。一个造假者曾大言不惭地说："你们是鉴定专家，而我却是制假的专家"。其言外之意，不外乎是说，我的造假方法，你们未必能够识破。面对这样的市场状态，广大奇石爱好者在采购各种奇石时，务必谨慎又谨慎，多从不同的角度对你选中的奇石作一番仔细的审视，如有可能则应请教于专家或内行，切勿出于一时冲动，匆忙就作出采购的决定。

奇石的收藏和保养

（一）
奇石的采集

　　拥有奇石，特别是拥有令人百看不厌、能仔细品味、反复揣摩的奇石，是人生的一大乐趣。

　　如何才能拥有奇石呢？途径不外乎有两个，一是自己采集，另一是来自他人之手，如从市场上选购或是朋友之间馈赠、转让。从玩石的角度来说，自己寻觅、采集会更加增强藏石的趣味。因为一则它使你不必花费资财就获得称心的结果；二则它还会是你一次值得回忆的纪念，使你有可能在向人介绍这块奇石的欣赏价值的同时，还可以不无夸耀地叙述自己这次寻觅、采集的有趣过程；三则寻觅、采集奇石的过程本身，还是一次非常有益身心健康的活动，它让你投身于大自然之中，在饱览迷人的山水风光之余，又能收获骤然发现的乐趣。正所谓"众里寻他千百度，蓦然回首，那人却在灯火阑珊处"。清代诗人赵继恒曾写有一首咏赞雨花石的诗曰："叠叠高峰映碧流，烟岚水色石中收。人能悟得其中趣，确胜寻山万里游。"说的也是这个意境。人们认为，这正是奇石收藏不同于其他艺术品收藏的一大特点。

　　采集奇石最好不要独自行动，而应几个朋友结伴同行。这主要是，在奇石收藏火热的今天，那些人们频频光顾的地方，已很难再找到让人称心如意的奇石；这就使人们不免要到一些人迹罕至的穷山恶水中去寻觅，致使采集活动带有一些探险的性质。独自行动，万一遇险，就会比较麻烦，而有伙伴就可互相帮衬、互相救助。再者，奇石的采集，有时候需要从山岩中凿取，或是从砾卵石堆中翻弄、挖掘，一人之力也难免让你望而兴叹，难以为继。还有，有些奇石个体较大或过于笨重，也需要有人帮助。

　　奇石采集还一定要注意安全。若是从山岩中凿取，务必要当心有无坠石伤人的威胁；若是在河床、滩地中挖取，则要留心有无山洪骤然袭来的可能，并预先观察好必要时的逃生之路；若是在海滨寻觅，则要当心海潮的袭击，切勿在海潮来袭时还继续逗留；若是进入山洞、坑道采集，则要注意洞中有无郁积的毒气或蛇兽（可点燃火把，若火把迅速熄灭，就不宜进入）。此外，在山区还容易迷失方向，找不到归路，为此应该随时留心可用于辨认方位的地形、地物标志。在野外、山区还要防备蛇兽虫豸的噬咬侵害，最好穿着较厚实的衣裤，并预先携带一些救急时使用的如红药水、碘酒、创口贴和绷带之类的药物和用品。总之,安全意识应该贯穿于我们的整个采集活动中,绝不要为了采集而不顾后果地盲目冒险。

采集奇石时的装束以轻便实用为原则。最好是配备一个双肩包,这样便于双手自由活动。除了衣裤(以耐磨厚实的牛仔料为佳)外,应备有一顶遮阳帽,穿着鞋底有凹凸花纹的软底鞋,以防滑倒;还应备有手套(采集山石,以棉布手套为佳;采集溪石,则以塑胶手套为好),以免伤手。至于工具,地质锤是人们最常使用的,它既便于敲击,又具有可用于挖掘、清理周围碎石的扁尖头。另外也可备一二根尖竹片,以便用它来剔除石中空穴或凹沟中的积土污泥。再有,还要准备一些纸张、泡沫塑料之类的物品,以便用于包装保护采集来的奇石不在路途颠簸中受到磨损、破坏。有可能的话,还可配备一只地质罗盘,它能让你在山中不致迷失方向。

奇石采集虽然也可以是即兴之作、巧合之缘,但最好还是有目的有计划地进行。因为不同的奇石,具有不尽相同的赋存环境,所以要想采集某种奇石,当然就需要有目的地选择它可能赋存的地方去寻觅。比如想采集化石类奇石,就应选择去沉积岩分布区,尤其是那些宜于保存化石的由颗粒细小的泥沙组成的页岩、粉砂岩和石灰岩分布区;如果想采集矿物晶体类奇石,就应该选择去有矿脉分布的地区,尤其是一些矿山的周围、矿洞或坑道;若想采集造型石或纹彩石,则一般以河床、滩地、海滨等为主要目标地……诸如此类,不一而足。倘若你自己对目标地的选择不甚了了,则应该向书本或师友请教,以做到有计划的有的放矢。

地质锤

地质罗盘

（二）
奇石的清洗与修饰

采集回来的奇石通常都要进行清洗与修饰。不过，不同类型的奇石的清洗与修饰也不尽相同。现分述如下。

1. 矿物晶体类奇石的清洗与修饰

前已述及，矿物晶体类奇石的收藏，通常不是为了单纯的观赏，而是还经常用作知识普及的示范标本或科学研究的对象。因此，对于此类奇石的收藏来说，保持其原始面貌和完整性是十分重要的。如果要对新近采集回来的此类奇石进行清洗，去除沾染的泥沙时就要特别小心。

事实上，矿物晶体在开采、运输、交易和收藏过程中，其晶面、晶棱、晶尖极易遭到不同程度的损坏，因此，其中完整无损者也就格外珍贵。国外收藏家们对矿物晶体完整性的要求，常常达到苛刻的程度。例如，他们总是带着放大镜甚至显微镜去检查矿物，看其正面主要晶体上是否有伤损，甚至连半根头发丝样的划痕也不放过；再稀少鲜艳的矿物，一旦晶体破损，其价值就要大打折扣。当然，这方面也不能有绝对化的要求，因为如果那样就可能永远也找不到中意的藏品。如果是一件珍稀、漂亮的矿物晶体，只要其正面绝大部分晶体都是完整的，也是可以收藏的。

在清洗此类奇石时一定要格外小心，不要给它们造成新的损伤。需要注意的是，矿物种类多种多样，物理化学性质也迥然不同。它们有的质地很软，极易受硬物（如钢刷等）的划伤；有的具有可溶性，会被水所溶解，如果你对自己手中的矿物晶体类奇石究竟是什么还不了解，就切勿冒冒失失地使用钢刷、清水对它们进行清洗。最好是先清楚地了解自己手中的矿物是什么，然后才有针对性进行清洗。如果实在暂时无法判明它的品种，则可以先取少许碎落下来的小样品，先进行硬度、水溶性的试验，随后再决定如何进行清洗。

至于此类奇石的修饰，则要注意尽可能地保证它的完整性，要剔除的是那些由于采集时的敲打而已经碎裂、难以继续保存的部分。对于矿物晶体围岩的修饰，则应掌握既不要残留太多，以致出现反客为主的现象，也不能全部剔除。

因为围岩的状况（岩性成分、结构构造、产状等）如何，能直接反映矿物的生长环境，在科学研究上有着重要意义；何况它还能为所展示的矿物主体提供衬托。因此，有围岩的矿物晶体更具观赏性和收藏性。那些一点围岩也不带的晶体、晶簇，有的虽然也不错，但在国际矿物晶体市场上，其价值往往只有那些含围岩矿物晶体的一半或三分之一。所以，在保存矿物晶体类奇石时切忌把围岩随意剔除。

2. 造型石与纹彩石类奇石的清洗与修饰

新采的造型石和纹彩石类奇石大多表皮较干，有些纹理和颜色不能很好地表现出来，给人一种枯燥、灰白的感觉。因此，一般需要用清水浸泡几小时或几天（一些像雨花石一类的小石头可长期用水浸泡），然后用清水和刷子反复冲刷漂洗，以去除附着的青苔和水垢，直到光泽出现为止。切记不要损伤其表皮。一些表面附着有钙质或铁质等污染物，用水洗不能去除时，可将它们浸泡在草酸（或稀盐酸、或稀硫酸）之中，利用酸蚀的方法来去除表面附着物（注意：一些碳酸盐质的奇石会与酸发生反应，所以切忌浸泡在酸液中）。这时要特别小心，一则不要酸蚀时间过长，以致损伤了奇石本身；二则要当心自己受到酸液的烧灼。有时候表面的附着物虽经过酸蚀，但仍未完全去除，则可把它从酸液中取出，再用砂纸轻轻打磨来去除（但也要注意，千万不要打磨过头而伤及奇石本身）。还有些奇石因受外界的污染有一股怪味，一般也可通过酸洗的方法来去除。奇石在洗刷干净并吹干或自然干后，可根据情况用开水再烫洗一下（这样可以洗透奇石，加深其吸油的程度）。

清洗后的奇石，可进行适当的修饰。奇石虽然以其天然性见长，但并不完全排斥适当的人为的修饰、加工。如对一些类画石进行抛光处理；对某些造型石在不影响其基本天然性的基础上作有限的截裁等。但修饰加工的原则是：只能去除，不能添加；而且去除的只能是那些本已碎裂难于继续保存的部分。需要注意的是，一些造型石切忌通过修饰来使它满足意愿的需要；如果这样做，那是在作假，而非修饰。总之，修饰或加工都只能是"适当"和"有限"，并掌握只减不增、不许拼嵌的原则。也就是说修饰加工的目的，是为了能更好地展示它所拥有的天然本色，而不是其他，当然更不应该有任何喧宾夺主之嫌。

3. 化石类奇石的清洗与修饰

对于化石类奇石，可先根据其载体岩石的岩性，将它们大致区分为两大类：一类是相对较坚硬致密的碳酸盐质岩石，以及部分致密的凝灰质岩；另一类是质地较软、较疏松，或薄层理发育的各种页岩、黏土质岩、粉砂岩、砂岩和泥灰岩等。

对于第一类化石类奇石，由于它们的质地比较坚硬致密，因此它们的清洗与修饰不妨可以吸取造型石和纹彩石类奇石的清洗和修饰经验，用清水和刷子反复冲刷漂洗，以去除附着的青苔和水垢。但切勿用酸来清洗，因为碳酸盐质岩石会受到酸的腐蚀；也不要用钢刷刷洗，因为碳酸盐质岩石的硬度较低，会被钢刷所划伤。

至于第二类化石类奇石，由于它们大多比较脆弱，易于受到不同程度的损伤，因此，它们一般不宜进行清洗，尤其不能将它们浸泡于水中，否则很可能使其因大量吸水而变软，甚至瓦解。如果它们表面确实很脏，沾染有太多的泥沙和尘埃，则应用柔软的毛刷来轻轻清扫；如果是有上覆岩石的残片仍覆在化石之上，则可在放大镜下，用小刀仔细地把它们剔刮干净。注意：这是一种技术活，一定要用放大镜（尤其是那些有着精细生物结构的化石），并耐心地一点一点地进行剔刮，当心由于不慎，伤及化石本身。

化石类奇石的修饰，只能是修饰化石周边的载体岩石，以去除那些过多无用的周边岩石。至于化石本身，则是绝对不允许进行任何人工的修饰的。

4. 陨石类奇石的清洗与修饰

陨石类奇石是来自地球之外的珍稀宇宙标本，因此它们不论大小，哪怕是一点点也都是不可多得的珍品。为了防止地球物质对它们的过多污染，此类奇石是严禁使用水等物质对其进行清洗（若用水洗，则不是给它清洗，而是加重它的污染）。如果它的表面沾染有泥土尘埃之类的物质，应该用小刀或钢刷来把它刮除。在刮除这些泥土和尘埃时，要注意尽可能不要伤及陨石本体。尤其是碳质球粒陨石，因其质地相对较软，易被小刀、钢刷所损伤，故应格外小心。

陨石类奇石也不允许对其进行任何修饰，要知道它们的每一丁点都是十分宝贵的。如果为了研究的方便对其进行分割，则分割下来的部分也都应妥善保存起来。

5. 特种石类奇石的清洗与修饰

特种石类奇石是一些有着各自不同特殊性质或意义的奇石，它们的清洗与修饰应视其各自的特点来确定。比如纪念石和禅石，具有与造型石和纹彩石相似的特点，故可参照造型石和纹彩石的清洗与修饰方法来对其进行清洗与修饰。而一些特异石就显然不能这样做，对于它们而言，关键是在于如何保护好它们所具有的特异性能，一切可能有损于它们特异性能的清洗与修饰举措都是要绝对避免的。至于究竟应该如何处置，由于它们的数量很少，人们还都缺乏相关的经验。因此读者若有此类奇石，可参照其他类型奇石慢慢揣摩、尝试着进行。

（三）
奇石的题铭

题铭，简单地说就是给奇石一个命名。奇石是无言的诗，立体的画，无字的书，这就使它所蕴涵的深沉含义和诗情画意，需要人们去细细品味，反复揣摩，缜密领悟，正确品鉴。而题铭就是奇石所有者在领悟了奇石的内涵，或认识到奇石的本质之后，所作的提纲挈领的概括。这就好比诗有题目、画有题款一样。

雨花石"山静似太古"

奇石的题铭，可以说是人与石的对话，是思维与天籁的交流的产物；也是人们赞美奇石，提升奇石欣赏价值的点题之作。好的题铭，能大大加深人们对奇石内涵的理解，起到画龙点睛的效果。

题铭的优劣，不仅根源于对奇石内涵的领悟程度不同，也在于命名者本人的文化素质修养和科学知识水平。不难看到，同一块奇石在不同的人手中，会给予不同的题铭。譬如上页中的那块雨花石，有人命名为"千山万壑"，也有人给予"重峦叠嶂"的题铭，还有人引用宋王曾《醉眠》中的诗句，铭题之为"山静似太古"。在这里，命名者虽然都认同该石蕴涵有万山千岭的画意，但却给予了不同的题铭。其中，笔者以为"山静似太古"的题铭，不仅反映出题铭者的文学修养，而且也给人以更深的内涵启示，让人觉得面对那石中之画，那静静的重山深谷，就仿佛回到了遥远的太古时期，从而产生了对遥远太古的深远想象。换言之，好的题铭既要典雅，讲究文采；也要含蓄，能让人细细品嚼，或产生翩翩的联想，从而在无形之中大大提高奇石的艺术感染力。

好的题铭也切忌过于深奥、晦涩难懂。再譬如上述的雨花石，也有人引用宋王观《卜算子》中的诗句"山是眉峰聚"作题铭。在这里，虽然题铭者也引用了古人的诗句，但"眉峰"之说，常人多不易理解，不知道古代的诗人有把

题写在附图上的题铭

山峰比作美人的眉毛,因此在欣赏该石时,就难以体验石中的涵义。题铭也忌牵强附会,夸大其词,过于溢美,如有人动不动就给自己奇石标以"天下第一"、"超级"、"特等"等冠词。这其实并不能真正提升奇石的欣赏价值,反而常常会给人以浅薄无知的不良印象。

也有人主张,奇石之美是只可意会不可言传的,这显然是一种误解。有些奇石抽象、玄奇,让人很难说出它的所以然。其实,对于这种情况,一般可以有两种不同的处理方法。一是邀集你的同好,让大家一起来开动脑筋,集思汇智地来进行商讨。俗话

云石屏的题款

说得好:"三个臭皮匠,赛过诸葛亮",也许在大家的互相启迪之下,你就能给它找到一个合适的题铭。二是你也可以采取一种既偷懒也不失机敏的方法,干脆给它以"无题"的命名。事实上,许多奇石之美,就在于它的似与不似、像与不像之间,用"无题"为名会更增加观赏者的想象空间,显得更加含蓄和隽永。当然"无题"之名也不宜滥用,如果该块奇石明明有可能给它一个恰当的题铭,而你却故弄玄虚,把它命名为"无题",那么这只能给人以你才疏学浅、胸无点墨的印象,以致奇石的观赏价值也在无形中大大跌落。

总之,好的题铭应该是不华藻、不玄奥、不俗气、不画蛇添足,又要隽永、含蓄、高雅、贴切,能雅俗共赏的。然而要做到这样却不是易事,它考验着奇石所有者的文化素养、才情、想象力和智商。

题铭一般不宜直接书写或铭刻在石上,尤其是体积较小的奇石,多不可能为题铭留有书写或铭刻的空间,即使有可书写之处,直接的题写也常会影响奇石的整体艺术美感,特别是有些拙劣的书法或是不恰当的题铭,让人看到后更会大煞风景,甚至贻笑大方。所以,题铭通常会书写或铭刻在底座或适当的附件上,也或标写在所配的附图或标签上。当然,这也不是绝对的,一些体积较大(如大型的园林景观石),有足够书写空间的奇石也常有直接题写在石上的;特别是云石屏,一般都会在露白处留下题款刻铭。后者已成为一种传统,这完全是在模仿国画的题款方式。

（四）附件的配置

奇石之所以令人喜爱，一个很重要的原因在于它所具有的观赏价值，因此，如何提高它的观赏效果就成为奇石欣赏的重大课题。俗话说：红花还需绿叶配。要提高奇石的观赏效果，常常也需要恰到好处地给它配备一些必要的附件。这就像字画需要托裱、照片需要镜框一样，适当的配件是该件艺术品是否完美的体现。

附件配置是否适当，对评价奇石的优劣也常会产生重大的影响。也就是说，一些配置得当的附件，可有效地提升奇石的艺术意境和艺术感染力；反之若配置不当，则会给人画蛇添足、南辕北辙的观感。

附件可以有多种不同的形式，如底座、托架、边框、小的装饰品、博古架等。

做工讲究的底座，是许多奇石最常采用的配件。它们多为木质，并常选用色泽古朴、纹理雅致的硬木，如红木、乌木、榉木、樟木、桧木、檀木、栗木等，也有采用相似的石质岩石、陶瓷、玻璃等来制作底座。不论是木质、石质，还是其他材质，对于造型石和纹彩石类奇石来说，底座的色泽一般以暗色调为好；大小以比奇石稍大一圈为宜。如果过大，会给人喧宾夺主、本末倒置的感觉；过小，也会显得不相协调、头重脚轻。底座还应该有一定的厚度，并根据奇石底部凹凸不平和周围的轮廓线来挖槽抠底，以便奇石能平稳地嵌坐于底座之上；而且最好是奇石与底座两者能紧密衔接、连成一体（注意：两者不宜用胶合的方法来连接）。好的底座，通常都会根据奇石的特点、内涵，进行雕琢、创作，其目的既在于增加奇石的艺术欣赏价值、深化奇石的神韵，也在于进一步衬托奇石所

未名的奇石不能衬托它的内涵

奇石"上古神兵"

想表达的主题。如上图中那块形似大刀的奇石，若将其单独置放，或是将其竖立起来观赏，人们都很难体验到它的艺术内涵。现在收藏者将其置于一个托架上，并题铭为"上古神兵"，让人一眼就能感受到它的艺术魅力。在这里，题铭和托架起到了良好的烘托作用，有力地提升了这块奇石的欣赏价值。再譬如前页的另一块奇石，从其外形看有些类似船帆，但收藏者却给它配了一个雕花的底座，也未给它以命名，这就显然没能衬托出该石的内涵，降低了它的观赏价值。如果给它配一个船型底座，并题铭之为"一帆风顺"或"乘风破浪"是否就会更为贴切，更让人能体验到该石的魅力？当然，底座的雕琢也不宜过于繁琐、豪华，切不要给人以反客为主的感觉，以致让欣赏者的视线和注意力过多地被吸引到底座上去，变赏石为赏座了，那就失去了赏石的真正意义。

底座除了上述的为奇石提供一个适于安置的席位和烘托奇石的主题之外，它还有补缺的功能。奇石难免有缺陷和不足，尤其是造型石一类的具象奇石，常局部逼真而又有局部缺憾，这时恰当的配座就有可能起到掩饰缺陷或弥补某些不足的效果，使奇石显得完整和完美。当然，这时要避免过多的粉饰、制造人为的形象。若这样做，常不仅不能提升奇石的观赏性，反而给人以作假的印象。

一位合肥朋友指出，给奇石配座应掌握以下8个原则：

(1) 视角要准确。奇石摆放的角度，有横置、竖置、倒置、斜置等。不管如何摆放，其正面视角应反映奇石的亮点和精彩层面，底座应适应这种摆置方式。

(2) 宾主要分明。奇石与座，石是主，是鉴赏的主要对象；座为宾，处于配角和从属的位置。所以，座的高矮、长短、式样和色彩对比等，都应"附和"奇石，突出奇石的主体地位，切不可本末倒置，喧宾夺主。

(3) 风格要鲜明。座的风格要依石和鉴赏者的要求来定，尽量避免千篇一律，力求富有创意和个性，或古朴或亮丽，或深沉或明快，突显鲜明的风格特色。一般来讲，座与石的艺术风格应该是统一的。如此，才有利于奇石作品鲜明艺术风格的形成。

(4) 做工要精细，雕饰要生动流畅，细节要变化灵活，色泽要均衡一致，要充分彰显座的高贵典雅。

(5) 形体要匹配。座的体量和造型，应依据奇石这个主体形象的形状特征和体量来选配。要做到比例协调，式样和谐，匹配得体。在多数情况下，石与座的比例，以基本符合黄金分割率（即大致是3与2的比率）为原则。

(6) 色彩要协调。座与石的色彩配比，要自然、和谐，形成统一的格调。一般而言，以深浅示轻重，座为深色，在视觉上形成稳重感。色差则要适中，

使用托盘安置的奇石

比如有的石种色彩艳丽，配座就应色调单一素雅，既要避免石与座浑然一色，主体不突出，也要避免色彩对比强烈，过于纷繁，使人眼花缭乱。

（7）纹饰要呼应。在底座上雕刻纹饰，是对奇石观赏主题的揭示和强化，但纹饰的内在涵义必须与奇石自身的形态肌理和主题相呼应，切忌生硬搬抄，格格不入。

镶于镜框中的云石屏

（8）意韵要吻合。奇石是天然的艺术品，座为人造艺术品。座石合一，应该成为感染力更强的艺术品。无论是寓意，还是神韵，座都要与石贴近、吻合，使其整体的形象更完美，内涵更深邃，蕴意更生动，韵味更丰富，主题更鲜明。

笔者以为上述8个原则，确是对底座要求的精辟归纳，特此引荐给本书的读者。

需要指出的是，底座对于奇石来说虽然十分重要，但也绝不是像有些人所说的"没有底座就不成为观赏石"。事实上，奇石类型多种多样，其安放、配置的方式自然也会各有不同。如山石类奇石和一些大中型卵石（长宽在10厘米以上者），多仿照园林立峰的供置方式配置平板式的托盘；一些以平面纹像为主的奇石和化石类奇石，通常不是配以底座，而是配以镜框；雨花石一类的彩砾石，就通常被放置于盛水的盆盂里；而一些矿物晶体类奇石和陨石类奇石，往往为了便于人们对它们进行全面细致的鉴赏，采用锦盒珍藏的方式。诸如此类，不一而足。

不论是底座，还是托盘、镜框，它们都是用于安置奇石的一种装置，还不是真正意义上的附件。真正的附件是指那些额外添加的微型器具。它们通常是人们为了能更好地提升奇石的观赏性，更好地彰显奇石的内涵而进行配置的。譬如一些仿效山水盆景来安置的奇石，在选用平板式的底盘时，常会在盘中铺覆一层白色的细沙（可以是大理石的碎屑或贝壳沙）和水，给人于濒临湖海的观感；有的还会在石上添置一些微型小树，甚至楼宇亭台的模型，使其更像一座微型的山水景观。还譬如下面图中两块奇石，一块似狗非狗，若将其随意摆放，恐怕许多人虽会觉得它造型奇特可爱，但却很可能不会把它与狗联系在一起。现在收藏者给它配上一个附件——一条红绸带，情况就立刻发生了改变，相信看到的人都会被它那似狗的神韵所叹服，也大大提升了该石的观赏性。尤

奇石"望天吼"

奇石"孙行者"

其是收藏者还给它一个"望天吼"的题铭，就更增加了它的艺术感染力。同样，另一块仿佛一个站立着的人形奇石，收藏者给它添加了一根小棍，并命名之为"孙行者"。如果没有这根小棍，观赏者对该石的造型，很可能会有多种不同的想象，但现在有了这根像是金箍棒般的小棍，人们无疑都会认同，这块奇石就是孙悟空的绝妙写照。诸如此类，可见附件在奇石观赏方面起到多么重要的辅助作用。

上述例子也说明，给奇石配置什么样的附件并无一定之规。换言之，任何小物件都可以被选作奇石的附件。只要它在整个奇石所构成的造型中，仅占有很小的比例（以不超过 5% 的比例为好），不致喧宾夺主、过分吸引人们的视线，就是可被采用的。具体说来，采用什么样的附件，将视奇石本身的特点，和该石所有者对其内涵和神韵的领悟程度不同而异。

（五）

奇石的保养

奇石虽然多是坚硬的顽石，但它也和许多事物一样，需要细心的保养来长久地维持它那诱人的魅力。由于奇石类型的千差万别,其养护的方法自然也不能一概而论,而应视其类别的不同,采用不同的养护方法。现分述如下。

1. 矿物晶体类奇石的保养

前已述及,矿物晶体类奇石的收藏,通常不是为了单纯的观赏,而是还经常用作知识普及的示范标本,或科学研究的对象。因此,对于此类奇石的收藏来说,保持其原始面貌和完整性是十分重要的。

我们知道,矿物种类多达4000多种,各种矿物的物理化学性质也各不相同,甚至差别悬殊,这就决定了它们的保存条件也十分不同。如石膏等含水矿物,以及像辰砂、雄黄等易挥发易氧化矿物,就不宜置放在温度较高的环境里,尤忌阳光的曝晒。反之,像硬石膏一类的矿物则很容易吸收环境中的水分,发生水解;黄铁矿之类的铁矿物也易吸水氧化,转变为褐铁矿。很明显,它们就应该保存在较干燥的环境里。所以对于矿物晶体类奇石爱好者来说,要想完整地保存好自己的藏品,就应该对手中的矿物晶体究竟是什么有一个正确的了解。因为只有在知道它是什么矿物后,你才能有针对性地妥善保存好你的奇石。

再有,矿物晶体都是生长在围岩之上的,而围岩的状况(岩性成分、结构构造、产状等)如何,能直接反映矿物的生长环境,在科学研究上有着重要意义。因此,在保存矿物晶体类奇石时切忌把围岩随意剔除。

还要注意的是,国内许多爱好者受传统奇石收藏观念的影响,喜欢把自己收藏的一些矿物晶体也配上木座,甚至配以高档的雕花红木底座。其实这并不适宜,因为暗沉不透的木座不仅有可能会掩盖矿物晶体标本的整体形态和面貌,

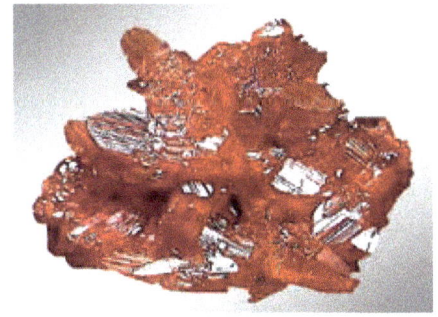

美丽的雄黄晶体

由于保存不当,在阳光的作用下雄黄已转化成黄色的粉末状

而且它与许多晶莹剔透的晶体也不匹配。这就好比有人身穿西服，脚穿布鞋一样，显得别扭和不伦不类。若使用有机透明材料或玻璃来作底座，则既能映衬晶体的通透感，在展示时又便于利用灯光照射，使晶体更显晶莹剔透和时尚。当然要不要给晶体观赏石配座，也要视具体情况而定，就像上面所述的，那些忌讳阳光曝晒，以及硬度较低、易受损伤的矿物晶体不宜放置于底座上，而应妥善安置于有软底衬托的锦盒内。

同样，受传统赏石观念的影响，有些爱好者热衷于拍破脑袋、挖空心思为自己心爱的矿物晶体奇石起一个所谓能抒发感情、发人深思的美名。虽然我们并不完全否定这种做法，因为有些矿物晶体类奇石确实能让人产生种种联想，因此给它起一个有助于提升观赏价值的题铭，显然是无可厚非的。不过，应该知道，对于矿物晶体类奇石来说，最重要的还是它所蕴涵的科学内涵。所以，收藏矿物晶体类奇石能不能给它一个人情化的题铭并不重要，需要的倒是它的矿物属种的正确名称，并准确地记录它出生在哪个地方、哪个矿山、哪个地质环境，以及它的产出条件等科学信息。要知道这些信息，对于探知矿物的形成机理，及进而揭示其产出地区的地质秘密是十分关键的。所以，一个包含有这些信息的矿物晶体就会比没有这些信息的同类矿物具有更高的身价。

芙蓉石"花开富贵"

黄铁矿"金山在望"

2. 造型石与纹彩石类奇石的保养

造型石与纹彩石类奇石是国人传统观念中的奇石,喜欢此类奇石的爱好者,大多比较欣赏奇石表面那种古朴深沉的色调。尤其是那些经过前人长期抚摸把玩的旧石,常因其表皮亮丽、干净和古朴,受到人们的青睐。因此,对于那些刚刚得来的奇石,人们也都希望能够加速它的这种变旧的进程。

怎样才能加速这一进程呢?长期的实践使人们认识到,关键就在于能否妥善地加于养护。事实证明,对于那些刚得来的奇石,如果养护得好,确实能使其表皮变得更加亮丽,更加干净和古朴,使人看了赏心悦目,触摸起来非常细腻,不忍释手。因此,奇石的保养就显得至关重要了。

此类奇石的保养,人们已总结出许多十分成熟的经验。大致说来,可采取以下3种养护措施:

一是水养。这种方法最常见,且对于大部分此类奇石都很适用。特别是当这些奇石在采集、运输过程中,对石肤、石肌造成某种程度的损伤时,水养是十分必要的。方法是先将奇石置于露天的架上,然后根据奇石本身的性质作不同的水养处理。如有的适合用喷洒方式的,可以一两天浇一次水,使其表面保持润泽；有的适合浸润的奇石，可以浸泡在水中，但时间不宜过长，两三天就取出晾干存放；有的不宜喷洒、浸润的奇石，可以用半湿的布擦拭，使其保持整洁。在水处理的同时，还要让其经受日晒雨淋，使石肤、石肌经历风化、变色，使其在质感、色感等方面逐渐达到与整体的调和。当然水养并不仅限于那些有石伤的奇石，即使本来完好的奇石，人们也主张隔周或隔旬对其进行适当的水养，以保持其温润而有生气，不致因干枯而失色和失去灵气。

　　二是手养。这种方法特别适用于小件奇石，也就是经常用手把玩、抚摩，让石头吸收人体毛孔排出的油脂。天长日久，石体会发出成熟的光泽，经常把玩的石头就会变成熟石。这种光润可人的石表现象，行话称之为"包浆"。包浆越凝重越好，它体现了收藏者对奇石的爱护，又可为奇石增色、增值。这使一些藏家甚至主张，即使一些个体较大的奇石，也可以不用任何油，只用干净纱手套或棉布每天反复擦拭，直至擦出类似包浆的亮光来。不过，这样做效果虽也非常好，但几乎要每天擦，需要一定的人力和时间。另外，要注意的是一些较松软的奇石，不适合用手去抚摸把玩。

　　三是蜡养。上蜡既能使纹理图案清晰，又能使石头更加温润光亮，强化了石头的天然之美。但并不是所有的奇石都适合用这种方法。蜡养的石头一般要求硬度在4度以上，低于这个硬度的石头石质疏松，表面粗糙，吸蜡后颜色易变得黯淡；吸附性强的石头也不宜上蜡。上蜡的具体方法是：先将石表清洗干净，再将石头加热，可以用锅煮、日晒等（注意：石表加热一定要均匀）；然后用一块固体石蜡往石表上涂抹（此时石头的温度要能使石蜡熔化，温度宜高不宜低）。随着石头的冷却，熔化的石蜡也凝固在石表之上。上蜡的量要以蜡液能全部被石表吸收为准。也有人采用凡士林、甘油，甚至菜油等油脂来保养奇石。但要注意，作为长期保养的奇石，应该避免上油脂，虽然这类物质在短时期内可以使奇石的质地、色感较好地反映出来，但会堵塞奇石的毛细孔，甚而出现返潮、吸附尘埃等现象；加之有些油脂还会变质，故其长期效果并不良好。而且，上油脂后的奇石表面颜色常会变暗，遮掩了奇石的清新面目。

　　人们常说赏石用心，养石用手。养护奇石的方法是多种多样的，大家可根据自己的实际情况选择一两种方法来养石，但要长期持之以恒，坚持经常动手去抚摸奇石，细心观察奇石，才能真正领悟赏石中的韵味，从中找到乐趣。

　　另外，需要特别注意的是，维护奇石的完整也是特别重要的。在观赏或抚摸把玩时务必十分小心，切勿伤其体。在赏石中就有"伤一分，不值一文"之说。因此，粗心大意碰伤损坏石体，是赏石中的大忌。

3. 化石类奇石的保养

化石类奇石的保养与其他类型奇石的保养有着明显不同的特点。

一般说来，化石类奇石的保养就和它们的清洗一样，要注意区分其载体岩石的岩性。我们可以大致将它们区分为两大类：一类是相对较坚硬致密的碳酸盐质岩石，及部分致密的凝灰质岩；另一类是质地较软、较疏松，或薄层理发育的各种页岩、黏土质岩、粉砂岩、砂岩和泥灰岩等。

对于那些相对较坚硬致密的碳酸盐质岩石，及部分致密的凝灰质岩石来说，它们的保养不妨可以吸取造型石和纹彩石类奇石的保养经验，也采取水养、手养和蜡养等手法，使它具有一个光洁明亮的表面，让化石表现得更加清晰鲜明。其中要注意的是，它们虽然比较坚硬，但在硬度上仍然低于小刀、玻璃等硬物，因此一定要避免与这些硬物碰擦（如有些人用钢刷刷，显然是不宜的），尤其是化石本身更忌受到划擦而留下划痕。还要注意，不要与酸接触，碳酸盐质岩石是很容易受到酸的侵蚀的。

至于那些质地较软、较疏松，或薄层理发育的各种页岩、黏土质岩、粉砂岩、砂岩和泥灰岩等，由于它们大多比较脆弱，易于受到不同程度的损伤，因此，它们的保养一定要十分小心，在移动过程中要轻拿轻放，避免与其他物体碰擦或不慎跌落；更不宜采用造型石和纹彩石类奇石的保养经验，进行水养、手养。尤其不能将它们浸泡于水中，否则很可能使其因大量吸水而变软，甚至瓦解；不过也不能让它们过于干燥，特别是当载体是页岩一类的黏土质岩石时，过分干燥也会使它们因失水而发生破坏，所以可以隔三差五地给它们稍稍（注意是稍稍）喷些水。至于手养则应该禁止，特别是对那些有着精细复杂的生物结构的化石，如昆虫化石、鱼化石和植物的叶片、花卉化石等，更是千万不要用手去抚摸把玩，否则很可能使化石的细小部分因抚摸而脱落或模糊化。蜡养也要避免，因为打蜡的过程，难免和手摸一样给化石带来某种损伤。为了保护此类化石，有人建议可以用软毛笔轻轻地给它们涂上一层清漆，这样可以防止它们在天长日久以后受到风化的破坏。如果要用于参展，那最好是把它们镶配在一个镜框中，但这时也要避免日光的曝晒或强灯光的持续照射。

和矿物晶体类奇石一样，化石类奇石的保存也不在乎是否有一个人性化的题铭，重要的倒是能否确定它的生物属种，显然这远比鉴别矿物晶体的属种更为困难，许多时候即使是古生物学家也很难予以确认，更何况普通的爱好者。但这不应成为我们不给它一个正确名称的借口。你即使无法给它一个相当生物学属、种一级的名称，至少也应该能确定到相当科、目或纲一级的名称。另外，准确地记录它出生在哪个地方、哪个地层、哪个地质环境,以及它的产出条件、有无其他生物化石伴生等科学信息则是十分必要的。这些信息,对于探知该化石生前的生存环境,了解该类化石的古生物价值,以及进而揭示其产出地区的地质秘密都是十分关键的。所以,一个包含有这些信息的化石,就会比它没有这些信息的同类化石具有更高的身价。

最后,还要再次强调,古生物化石是受国家保护,尤其是脊椎动物类等珍稀生物的化石更受到国家的重点保护。在国家已颁布的《古生物化石保护条例》中规定,任何单位和个人不得擅自买卖重点保护的古生物化石,不得将其收藏的重点保护古生物化石转让、交换、赠与、质押给外国人或外国组织。对此,化石爱好者务必牢牢记住,不要贪图一时的经济利益而触犯国家的法令。

镶在镜框中的鱼化石

镶在镜框中的海百合化石

4. 陨石类奇石的保养

陨石类奇石是来自地球之外的珍稀宇宙标本，因此它们不论大小，哪怕是一点点也都是不可多得的珍品，所以如何妥善保存好此类奇石就尤显重要。

人们认为陨石的保存应遵循4点原则，即：①尽可能减少对陨石样品的损耗；②避免对陨石样品一切可能的污染；③避免对陨石样品可能造成的风化；④对陨石样品建立尽可能详细的资料档案（包括坠落地、坠落时间、坠落时的现象、有多少块、是否经过分割、有无研究资料等）。

根据上述原则，陨石类奇石的保存和其他种类奇石不同，不存在一个"养"的问题。这是因为人们希望尽可能地不让它们受到更多地球物质的污染。故而绝不允许把它们浸泡在水中，也不允许给它们喷水。不准水养，也不准手养，因为手的抚摸、把玩就难免会把我们手上分泌出的汗液、油脂沾染、甚至渗透到陨石中去。其结果就会严重地干扰对陨石中可能包含的有机物的辨识（它们究竟是来自地球之外，还是人为的污染？）。当然，蜡养也是绝对禁止的，因为蜡、油脂、清漆之类都是有机物，它们同样会严重地损害陨石的科学研究价值。

另外，为了避免陨石受到风化和意外损伤，陨石一般可保存在透明坚固的瓶子或盒中，并尽可能地把它放置在温度变化不大和相对湿度低（<20%）的

环境里。这样既可避免陨石受挤压破碎，也可在一定程度上阻挡外界环境对它的影响，降低风化的概率。如果为了研究的需要，要对陨石进行取样、分割，则应使用特殊合金器皿及凿子从陨石上凿取小块样品。该合金应满足高硬度、成分单纯（如仅含铁、钨和碳）这一条件。再或也可以用金刚石慢速锯对陨石进行切割，切割时所用的冷却液应不含水（可用分析纯乙醇）。如有条件，用金刚石线锯，则可避免使用任何冷却液。

总而言之，陨石保养的最根本原则就是尽力防止地球物质对它的污染。

5．特种石类奇石的保养

特种石类奇石的保养就像它们的清洗与修饰一样，可参照其他类型奇石的保养经验，并根据其具体情况而定。原则是以不损害其特性和意义为前提。譬如特异石中的香石，它的保养关键就是如何才能使它的香味能持久地保存下来。为此，显然不应把它置放在一个通风良好的环境里，而应该把它放在密闭不易透气的盒子里，周围环境温度也以低温为宜。

诸如此类，希望拥有此类奇石的藏家，根据手中奇石的特性，仔细捉摸，通过实践来寻找妥善的保养方法。

www.ingramcontent.com/pod-product-compliance
Lightning Source LLC
Chambersburg PA
CBHW042226010526
44111CB00046B/2976